Ⓢ新潮新書

比嘉満広
HIGA Michihiro

兜町の風雲児

中江滋樹 最後の告白

892

新潮社

＊本文中、敬称は略。肩書は原則として当時。

はじめに

2020年2月20日早朝、映画「男はつらいよ」で有名な柴又の目と鼻の先、葛飾区南水元にある木造アパートの一室から火の手が上がった。日を追って新型コロナウイルスをめぐる報道が過熱するなか、小さな火災の一報が奇妙な注目を浴びたのは、焼け跡の部屋から見つかった男性の遺体が、あの中江滋樹と判明したからだった。

弱冠22歳の頃から株の仕手戦で巨額の金を動かし、有名タレントと浮名を流し、ついには詐欺罪で6年間収監される。刑期を終えて出所した後も、裏経済の世界では幾度となく中江の名が取り沙汰されてきた。しかしその実、彼がいつどこで何をしているのか、どこに住んでいるのかなど、プライベートなことはほとんど知られることはなかった。かつて「兜町の風雲児」としてマスコミを騒がせた派手な人生とは裏腹に、その様子はあたかも相場の世界の隠者のようでもあった。

私が中江という人物に興味を持つようになったのは、1984年2月10日号の写真週刊誌『FOCUS』で目にした一枚の写真（12頁参照）がきっかけだった。「数百億を動かす30歳――ダウ1万円兜町を騒がす『相場師』」と題された記事には、こう書かれていた。

「ダウ一万円突破でわく東京・兜町近くの昼下り。ひげ面に、まるっきり櫛目の通っていないボサボサ頭、ズボンのベルトもずっこけそうな男が歩いている」、「実は証券界でいま話題の『投資ジャーナル』を中核とする投資グループの頂点に立つ男」、「いまを盛りと売り出し中の『投資ジャーナル』だが、どういうわけか、この会長の密かに考えていることは違う。かねて心に決めていた『30歳で引退』を実行に移して、この6月で会社から手を引いてしまうというのだ。『株の世界は余りにも、ねたみ、そねみに満ちている』というのがその理由」――。

そして、この記事から半年後、中江は「投資ジャーナル事件」（後述）で世間を大騒ぎさせる。当時『FOCUS』の駆け出し記者だった私は、戦後最大の詐欺事件と呼ばれたこの事件を取材。中江と同世代だったこともあり、直接話を聞いてみたいという思いが募った。しかし、彼に接触すべく手を尽くしてみたものの、会うことは叶わなかった。それ以降も、中江への取材を試みたが、実現できずにいた。それが叶ったのは2010年、事件からすでに25年も経っていたが、一瞬で時の空白が埋まった気がした。

取材記者をしているとよくあることだが、マスコミで騒がれるにつれ、様々にフレームアップされた情報のせいで、こちらの描くイメージも勝手に形づくられてしまうことがある。当初、写真や記事などを通して私が中江に対して抱いていたイメージも、「兜町の風雲児」などと呼ばれていたが、傲岸不遜な人物ではないのか、というものだった。

しかし、実際に会ってみた中江は、意外なほど饒舌で、記憶力にすぐれ、個々の質問にはぐらかさずきちんと答えてくれる。詐欺に問われた人物を評するのに適当ではないかもしれないが、その様子は誠実と言ってもいいぐらいだった。

＊

本書では、稀代の相場師として数奇な運命をたどった中江の生涯――生い立ちと相場との出会い、水を得た魚のように活躍した頃のこと、その中で政財界やスポーツ、芸能界まで広がった人脈、投資ジャーナル事件での服役、出所後も関わった相場のこと、その他、急逝するまでの諸々のこと――を、本人の告白をもとに構成していくことにする。

バブルが始まる以前、中江が相場の最前線で活躍した80年代からほぼ40年を経て、巨大IT企業やヘッジファンドの活躍、金融工学を利用した超高速取引の普及など、現代の株取引は大きく様変わりした。50代未満の読者には縁遠いであろう当時の事件の概要、背景となった様々な世情については、私自身の経験と資料から説明を補うことにする。

長年、週刊誌記者をしていた私は10年ほど前から彼と付き合いをはじめ、亡くなる前の1年間は、夕刊紙（日刊ゲンダイ）で断続的に回顧談を連載しつづけていた。

「この際、何でも聞いて。どう書いてもかまわないから、僕のこと、本に書いてよ」

そう言われたことを、昨日のことのように思いだす。まさかそれが、結果的に早すぎる彼の遺言となろうとは夢にも思わなかった。

政財界からスポーツ、芸能まで各界の大物たちとの交流など、まだまだ彼自身の口から聞きたいことはあったが、それももはや果たせない。彼だけでなく多くの関係者が鬼籍に入った今、確認できないことは多々ある。そのため、ここにあるのは基本的に中江から見た事の経緯が中心になっている。その点はご容赦いただきたい。

兜町の風雲児　中江滋樹　最後の告白……目次

「投資ジャーナル」時代の中江氏。1984 年、東京・日本橋兜町で。
© 淺岡敬史

第1章　早熟すぎる相場少年

小学5年で株を買う

琵琶湖の東岸に位置する中世から続く商人の町、滋賀県近江八幡市。近江商人ゆかりの老舗が軒を連ねる市中には運河が張りめぐらされ、市内からは織田信長の時代に市場交易で隆盛を誇った安土城址を望むことができる。

中江滋樹は１９５４（昭和29）年1月31日、この地で生まれた。京都の地場証券に勤める証券外務員の父親、専業主婦の母親、４つ違いの兄という4人家族。特に裕福でも困窮していたわけでもない、当時のありふれた戦後の中流家庭だった。

幼い頃は、親からもらった小遣いを使わずに大事に貯めておくような子どもだった。木刀やピストル、プラモデル、カメラなど、欲しいおもちゃが次々に目にとまっても、その都度、欲しいと思う衝動を抑えて我慢していたという。

誕生日など特別な日に、母親が「今日は滋樹のお祝いだから、家族みんな鯛のお頭つきにしよう」と言うと、「そんなご馳走、買わなくていい。僕だけ鯛の絵を描いて皿にのせれば？　その代わりに鯛の代金分をちょうだい」とせがんだ。ちょっとした外食で家族がステーキを食べる時でも、自分だけオムライスにしてもらい、差額分を小遣いにしてもらった。

少しでも家族と違うことをする、その差を少しずつお金に換えていったのだ。そうした思いで親や親戚からちょこちょこもらったお小遣いを貯金箱に入れていった。

「最初のうちは、お金が貯まったら、欲しいおもちゃを買っていた。でも子供のことだから、やっと手に入れてもまたすぐ別のものが欲しくなる。欲しいものを次々買っちゃうとそれまで我慢して貯めたお小遣いがなくなって、またゼロから始めないといけないでしょ。それって効率悪いな、もっと効率いい方法はないかな、とずっと考えていた。そこで自分なりに考えついたのが、〝買ったつもり〟になってお小遣いを使うのを我慢して、さらに貯め続けることだったわけ」

幼稚園の時からそうやって貯めてきたお小遣いの金が2万円になっていることを知っ

たのは、小学5年の時のこと。当時の大卒初任給に近い金額だ。

この貯金を減らさずに済む「効率のいい方法」を考え続けていたある日、何気なく会社情報誌『四季報』を手に取った。父親が証券会社に勤めていたので、自宅の書棚には常に『四季報』が置かれていた。四半期ごとの事業や業績が事務的に記された『四季報』は、中江にとってよく分からないながらも違和感のない、見慣れた冊子だった。

いつものように『四季報』のページをパラパラめくっていくと、映画会社の日活に、無料で映画を観られる株主優待券があるという記載が目にとまった。

１９６０年代の当時、モノクロテレビの普及が始まったばかりで、庶民にとって最大の娯楽は映画だった。近江八幡にも自宅から歩いて10分ほどで行けるところに映画館があり、よく観に行っていたという。

「毎月2枚の優待券がもらえて年間24回もタダで映画が観られる、しかも貯めたお小遣いもなくならない。こんな効率のいい使い方はない、これだ！　と思って、さっそく父親に頼んで日活の株を買うことにした。当時の日活の株価は20円だったから、それを２万円で１０００株。僕が株を買ったことに父親の影響はまったくないね。そもそも父親に株のことを聞いたことも、僕に株を教えようということもなかった。勝手に『四季報』を読んで、日活の株を買いたいとせがむ息子に父親は『あぁ、そうか』と言うだけ。内心、株に興味を持った僕を頼もしいと思ったんじゃないかな」

ちなみに、株取引を行うのに原則として年齢制限はない。小学生でも株の投資はできるのである。現在は、未成年の場合や信用取引などについては親権者などの同意が求められるが、当時はそこまでうるさくなかったということだろう。株投資をするには、まず証券会社に証券口座を開設して取引を始めるわけだが、当時はまだ小学生。証券会社に勤務する父親を通して売買注文を出していたという。

映画好きの中江は、株主優待券を利用して様々な映画を観に行った。当時はゴジラやガメラ、クレージーキャッツのお笑いシリーズが少年たちには人気だったが、それらにはあまり興味がなく、加山雄三の「若大将」シリーズや、舟木一夫と和泉雅子の悲恋映画「絶唱」を観たことが記憶に残っているという。

「でも、当時はまだ子供だったから株価が上下するものだとは知らず、ずっと20円のままだと思っていたし、会社が倒産すると株券が紙くずになるリスクがあることも知らなかった。それが日活と大映が提携するというニュースがあって、株価が40円に上がり、時価にして倍の4万円になった。驚いたね、子供心にスゲえ、面白い、と思った。株価ってこんなに動くのか、上がれば儲かるんだ、ということを生まれて初めて知ったわけ。結果的に、この時の体験がその後の僕の人生を狂わせてしまったんだけどね」

ともあれ、中江少年が株で儲ける楽しさを知った瞬間だった。その後、中学、高校と進学してさらに株の魅力にはまり込んでいくことになる。

数学で全国3番、高校生で信用取引

勉強のほうはどうだったかというと、概して成績優秀、彦根藩校の伝統を受け継ぐ名門進学校・彦根東高校に進んでいる。とりわけ数学の成績は抜群で、高校3年の全国模試では3番の成績だったという。よほど勉強にも熱心だったのだろうか。

「親から勉強しろと言われたことは一度もなかったし、放任で育てられた自由人タイプ。小さい頃から好奇心旺盛で、何か気になることがあると納得するまでとことん調べる。中学生になり、もっと株のことを知りたくて、株や経済に関する本を何百冊も読んだ。

株価の動きを線で表すローソク足、株価チャートの読み方、信用取引のやり方まで本で勉強していた。

高校生になってからは、相場が上手くいかない時は大きなリスクがあることも理解していたし、理科の実験みたいな感じで、実際にどうすればいいのか、売り買いの様々なやり方を試してみることにした。もちろん新聞の株式欄は毎日読んでいたし、色々な銘柄に知識が広がっていた。その頃から株価チャートブックを見ながら、どの株がいいかを決めていた。信用取引も、当たり前のようにやるようになってたね」

当時、大阪証券取引所二部市場の株は500株単位で買うことができた。株価30円なら1万5000円と、それほど大きな元手がなくても買うことができたという。

そのうち、中江の読みはよく当たると近所で評判になり、親戚が「滋樹の株はよう当たるから」と1000万円以上の資金を証券口座に預けてくれたこともあったそうだ。

「高校に通う時の必須アイテムは短波ラジオ。授業中も株式市況を聞いて相場をチェックしていた。先生にバレないためには教室の一番後ろ、受信状態が良い窓際の席が都合がいい。級長に食事をおごって、席を代えてもらったりしていた。それと何より10円硬貨。親に売買注文を連絡するのに公衆電話しかなかったから、ポケット一杯に10円玉を詰めてたね。

株の話をするクラスメイトが３人ぐらいいたけど、本格的に相場をやっているのは僕だけだったな。一部の先生はそれを知っていて、『どんな株がいいんだ？』と聞かれたこともあった。当時はソニー、立石電機（現オムロン）、アルプス電気、ＴＤＫといった弱電株を中心に、４～５００万円ぐらいの儲けを上げていたと思う」

ちなみに弱電とは通信や情報伝達、制御分野の企業のことで、電力など大規模なインフラを持つ強電とは別だが、新たな技術開発が当たれば効果的なリターンが見込める。また信用取引とは、株や取引の資金を証券会社から借り入れることで、実際の手持ち資金より大きな規模の取引を可能にする方法をいう。高校生という立場でそこまで手を伸ばしていたとは尋常ではない。

ニクソン・ショックでの明と暗

中江が高校３年の１９７１（昭和46）年８月16日午前10時、世界経済をゆるがすニクソン・ショックが起こる。世界の金保有額の3分の2を持つ圧倒的経済力、それを背景にした金1オンス＝35ドルの金・ドル本位制と、ドルと各国通貨の交換比率を一定に保つ固定相場制、いわゆるブレトン・ウッズ体制が崩壊したのである。

第二次大戦で国土が荒廃したヨーロッパや日本は一時著しく国力が弱体化したが、1960年代に入ると経済発展が一気に進み、日本でも東京オリンピックを機に1965（昭和40）年から1970（昭和45）年まで、57カ月にも及ぶ景気拡大（いざなぎ景気）が続いた。

一方でアメリカは、泥沼化するベトナム戦争に莫大な軍事費をつぎ込んだことで財政が悪化。貿易赤字が膨らみドルが大量に国外に流出したことで、金と交換できる唯一の基軸通貨としての絶対的価値が揺らいでいた。もはや「金・ドル本位制」の維持は困難と判断したニクソン政権は、ドルの価値を守るため、8月15日夜、ホワイトハウスから金・ドルの兌換停止、10％の輸入課徴金、減税と歳出削減などを柱とする新たな経済政策を発表。これが、世界の金融市場を大混乱に陥れたニクソン・ショックである。

日本でも、戦後長く続いてきた1ドル＝360円の固定相場制が終わり、変動相場制へと移行する。これにより急激に円高が進み、2740円をつけていた日経平均株価は2190円と4日間で550円も急落。株式市場に大きな影響が出た。

ニクソン・ショックは、高校3年の中江にとっても忘れられない出来事だった。

「その日は高校が夏休み中で、午前10時頃から家でラジオの短波放送を聞いていた。ニュースではアナウンサーが『アメリカがドルと金の交換を停止、株式市場が大変なことになっている、全銘柄の株価がタイルが剝げるように落ちていく』と叫んでいた。当時の株価ボードは、現在のデジタルとは違って数字のパネルがくるくる回って株価を表示するアナログ式。その数字パネルが止まらずくるくる回り続けていたのを、『タイルが剝げる』と言ったんだけど、すごく緊張感があったね」

この朝、父親が「今日は大きなニュースがあるらしいんだが……」と言いながら会社へ出かけていった。やがて父親から電話があり、「アメリカで何かあるとは言われていたが、これほどの大暴落になるとは思ってもいなかった」と悲鳴を上げていた。

「僕はたまたまその時に空売りをしていたから読みは当たったわけだけど、すごい暴落だから、正直言って怖さを感じたね。母親も真っ青になって震えてた。会社から帰ってきた父親に様子を尋ねると、『スターリン暴落はこんなもんじゃなかった』というので、僕が生まれる少し前のスターリン暴落（1953年）のことを根掘り葉掘り聞いたよ」

8月の相場は、それまで上がってきていた輸出関連の弱電株に勢いがなくなり、高値で止まっていた。そこで中江はチャートから「上値はない」と判断。8月10日前後にソニー、TDK、立石電機、アルプス電気などを中心に空売りをかけていたという。

「そこへ来て、このニクソン・ショックでしょう、大幅な円高になる、輸出関連の企業では製品の売れ行きに大きな影響が出る、先行き不安から一斉に売られ、株価が大きく下がるわけだから、そこで空売りを買い戻せば大きな儲けが取れる。これはチャンス！流れに乗らなければ、と閃（ひらめ）いたんだ。狙った通り、全銘柄が急落してストップ安まで行ったから大儲けしたよ」

それから3日間、市場はストップ安が続いた。中江が扱ったのは7～8銘柄だった。200円程下がったところで3分の1を精算して利益を確定し、さらに下がったところでまた利益を取るというやり方を繰り返し、500～600万円の利益を出したという。

株は暴落時でも儲けることができる。典型的な例だが、その逆もまた然りだ。2カ月後の10月頃、急落した株価が徐々に値を戻し、回復傾向になってきていた。成功に味をしめた中江は、「今が一番天井、上げ止まりに見えて再び上げて、その後下がるはずだ」と読んで、また同じ弱電株で空売りをかけたという。しかし、意に反して空売りしたすべての銘柄が逆にストップ高を付けて急騰したのである。

「あの日も授業中に短波ラジオで株式市況を聞いていたら、株価がどんどん上がっていく。これはマズイ、大損だ、早く買い戻さないと……体中から血の気が引いて、膝が震えたよ。早くチャイムが鳴ってくれ、と気が気じゃなかった。授業が終わるやいなや10円玉を握りしめて公衆電話にかけこみ、父親と母親に連絡して買い戻しの注文を頼んだ。これが僕の相場人生では唯一、まったく読み違えて失敗した時だったな」

その日は学校から蒼白になって家に戻ったが、悔やし涙が止まらなかったという。庭先で空を見上げて泣いていると、仕事から帰ってきた父親がひと言、「死ぬなよ」と声をかけてきた。その声音はずっと耳に残っているという。

中江にとって自信をもって仕掛けた空売りだったが、読み違えによって損失を出してしまった。当時の悔しさと光景がなお甦るのか、唇を嚙みながら、なぜだと言うように首をかしげる。しかし、この失敗を納得いくまで研究したことで、それ以降は同じ失敗はしていない、これまで自分の読み通りに相場は動いているのだと胸を張った。

損失は儲けたのと同じ数百万程度だったそうだが、精神的ショックは大きかった。もともと中江にとってその金は、幼い時から欲しいものを全て〝買ったつもり〟で我慢して必死に蓄えてきたものだったからだ。

「僕のお金に対する思い入れは普通の人とは全然違うよ。誕生日のお祝いに鯛を買ってくれるというのに、買わずに鯛の絵を描いてくれ、かわりに鯛の代金をくれ、そうして貯めてきた貴重なお小遣いで、高校生に他の収入があるわけもない。あれは痛かった」

ジャパンライン相場で1000万の儲け

一度は大きな挫折感を味わった中江だったが、そのわずか1カ月後に始まったジャパンライン（後に商船三井に吸収）株の相場を通して、「人生を相場で生きていく」という自信を深めることになる。

「昭和の時代の鉄鋼、造船、海運のような大型株は、株価のキャピタルゲイン狙いではなくて、金融機関との株持ち合いなど資産の安定化と配当が目的だった。だから株価自体もほとんど動かないし、各海運会社株もずっと安値で停滞していた。

　ところがその11月、50円からまったく動かなかったジャパンラインの株価がいきなりストップ高を付けた。これは何かあるぞ、とピンと来たね。そこで他の株に投資していた資金を全部引き上げ、すべてをジャパンラインにつぎ込んだ。この時は、周りの知り合いにも父親の証券会社のお客にも、買え、買えと勧めた」

　戦後一貫して続いてきた1ドル＝360円の固定相場が、ニクソン・ショックによって変動相場に移行。急激な円高のため、海運業界は為替差損という大打撃を被ることになった。ジャパンラインも業績悪化が予想され、株価は額面の50円に張り付いていた。それが11月8日に大量の買いが入って一気に8円高、10日後には100円台まで急騰、年末には250円台にまで上がっていった。

　そもそも海運業界は、このニクソン・ショックより10年前の1962年頃から世界的な海運市況の低迷により、未曾有の不況に見舞われていた。借金を返せず、利息も払えず、船の償却もできない会社が続出した。貿易立国の日本にとって海運は重要な産業であり、そのため政府は「海運再建二法」を成立（1963年6月）させ、業界の集約とグループ化を進めることになる。約150社あった海運会社のうち95社が日本郵船、山下新日本汽船、昭和海運、ジャパンライン、川崎汽船、大阪商船三井船舶の6グループに集約されることになった。

しかし、大手の一角だった三光汽船はグループ化に参加せず、海運業界の「一匹狼」と呼ばれていた。当時、国の補助金も受けず、独自の経営戦略で海運不況を乗り切った三光汽船のオーナーは、自民党・三木武夫派の重鎮だった河本敏夫。ジャパンライン株の急騰の背景には、この三光汽船による戦後最大の株買い占めがあった。

「何かあるぞ」という中江の読みが的中して、ジャパンラインの株価は50円からやがて300円まで上昇、20万株まで買い続けた中江はニクソン・ショックの空売りで失った数百万円を一気に取り戻しただけでなく、大きな儲けを手にしたという。

「相場を読み当てて1000万円くらいの儲けを手にしたことは大きな自信になったし、自分は相場の天才だと思ったね。その頃、『マクルーハンの世界』など評論家の竹村健一の本をよく読んでいて、大学への進学を迷うようになった。必死に勉強して大学を卒業して会社に就職したところで、数万程度の給料しかもらえない。それなら大卒の倍以上を稼げる相場のほうがいいかな、相場なら自分の力で1000万円くらい儲けられることも分かったし、大学はゆっくり考えてからでもなんとかなると思った」

大卒初任給が5万円前後という時代、読みを的中させれば、倍どころか百倍以上もの大金が一時にフトコロに入ってくるのだ。成功体験で自信をつけた10代の若者にとって、かび臭い大学の講義より、はるかに魅力的に映ったことだろう。

そして1972（昭和47）年2月、神戸大学の入学試験とジャパンラインの株主総会の日が重なった。どうしても株主総会に行きたい中江は、最後の入試科目だった化学の答案を10分で提出して試験場を飛び出す。周りの受験生はみな呆気にとられていた。その足で新幹線に飛び乗り、東京に向かう。ジャパンラインの株主総会に現われた学生を見て、受付の女性社員や株主たちは一様に怪訝な顔をしていたそうだ。

「そりゃ、びっくりしたでしょう。学ラン姿の高校生が数十人分の株主の委任状を持って出席したんだから。あの時は株主への手土産が耐火ガラスの器で、一緒に東京まで来た友達に手伝ってもらい山のように抱えて帰ったこと、それと受付の女性があまりにきれいで、さすが東京の会社はすごいな、とすごく興奮したことはよく覚えてる」

ジャパンライン相場での成功体験が、その後の「相場師・中江」を生み出すスタートラインになったのである。

大学進学と家族への失望

この当時は政治も経済も、国内外ともに大きな変化に見舞われていた。

1972年6月、約8年間に及んだ佐藤栄作の長期政権が終わりを告げた。7月、自民党総裁選が行われ、本命視されていた福田赳夫を退けて田中角栄が勝利。「今太閤」と呼ばれた新総理は、「日本列島改造論」を経済政策の柱に据える。社会インフラ整備に5年間で総額90兆円、5年後までに高速道路3100キロ、新幹線1900キロの完成を目指すとぶちあげたのだ。

しかし、この大掛かりな列島開発プランへの国民の喝采(かっさい)は、そう長くは続かなかった。企業がこぞって金融機関から融資を受けて土地投機に走ったため地価が暴騰、庶民のマイホームの夢を壊していった。

同時に、輸入物価指数が急上昇したため毎月2割ペースでインフレが加速、乞われて蔵相に就いた福田赳夫は「物価は狂乱状態」と評した。結果的に、列島改造ブームは翌年秋のオイルショックでとどめを刺される。

当時の経済状況を、中江はこう振り返った。

「アメリカとの貿易摩擦の渦中にあった日本は、繊維交渉でアメリカの要求をはねつけた。するとアメリカは日本に思い知らせるために、終戦記念日に合わせてニクソン・ショックをもたらした。日本人は、1ドル＝360円で為替は動かないものと思っていたけど、ヨーロッパ人は隣の国に行けば、為替もお金の価値も変動するものというのは常識だった。

ずっと360円だと信じてきたのは日本人だけで、（変動相場に移行するまでの2年間に）スミソニアン体制で円が切り上げられて308円と急激な円高になり、政府が輸出企業のダメージをやわらげるために行った金融緩和で市中に円があふれだし、そこに田中角栄の列島改造論の土地投機が手伝って過剰流動性をもたらした。だから、6円とか5円のボロ株が急騰して大相場になったわけ。僕も次々にボロ株を買いまくって大儲けしていたから、大学進学がアホらしくなりかけていたんだけどね」

しかし中江は、大学進学を諦めたわけではなかった。大学生として相場を続け、「二兎を追う者、二兎を得る」という目論見をまだ捨ててはいなかったのだ。大学生が投資サークルを作ったり、ベンチャー起業に乗り出したりするようになったのは2000年代に入ってからだ。この当時としては早すぎたアイデアだったわけだが、中江には相応の自信があったという。

「高校の全国模試で数学は3番だったし、頭はよかった。それに自分はすごく集中力があるから、受験勉強も秋から3カ月も集中して勉強すれば、国立二期校（学制改革後の新制大学が多かった）なら、どこかに入れるだろうと考えていた。株をやっていなかったら、文系の経営学部か法学部に進学して、サラリーマンになる気はなかったから、公認会計士か弁護士になることを目指していたんじゃないかな」

京都の駿台予備校・午前部クラスで受験勉強を始めた中江は、毎日、自宅のある近江八幡から電車とバスで京都まで通っていたが、その交通費がばかにならない。いくらかかるか綿密に計算してみると、京都市内に家を買った方が得だと考えた。そこで相場で儲けたお金の一部を頭金に、市内に８００万円の一戸建の家を購入する。ローンを組み、家の名義は父親にしたという。

「僕はまだ大学受験浪人で無収入でしょう、住宅ローンを組むには父親の名義にするしかなかった。これが失敗だったね。新居に移って3カ月くらいした頃、父親とおふくろが揃ってやって来て、『近く兄が結婚するので、この新築の家を貸してやってほしい』と頭を下げて頼むわけ。この親たちは何を言い出すんだ、弟が買った家を兄へと取り上げる親も親だけど、ろくに働かない甲斐性のない兄貴にも腹が立ってさ。大学受験を控えて大事な時なのに、そんな面倒くさいことを言われてすっかり嫌気がさして、予備校の夏期講習が終わったら家を出ようと決めたんだ」

自身、もともと受験に前のめりだったわけではない。自らの儲けで買った家を家族に取り上げられたことで大学進学への熱はいよいよ醒めていった。もう二兎を追うのはやめて、相場で身を立てよう——予備校の夏期講習最終日の１９７2年8月末、中江は京都の家を飛び出した。

第2章　チャート修業から株レポートへ

三愛経済研究所での修業・名古屋の日々

受験浪人をやめた中江が迷うことなく向かった先は名古屋、目的は投資顧問の三愛経済研究所（以下、三愛研）に入ることだった。名古屋の大学に入学した友人が「下宿に泊めてやるよ」と言ってくれたので、とりあえず寝泊まりできる場所は確保できたが、友人の下宿にいたのは一週間程度。これ以上は長居できないと思った中江は、自分で家賃6000円のアパートを借りる。

とにかくお金を稼がなくては、そう考えて新聞の求人広告で見つけたのが、和光証券の黒板書きの仕事だった。以後、名古屋に来てからの数カ月、中江は和光証券の店頭で株価の黒板書きのアルバイトを続ける。

今ではコンピュータ画面に取って代わられた株価の変動ボードだが、当時は大きな黒板に逐一株価の数字を書き込み、株価の変動を読むのが証券会社の象徴的な光景だった。余談ながら、かのウォーレン・バフェットも、幼い頃に板書の様子を見て興味を抱いたのが、株投資の世界に入るきっかけだったそうだ。

平日は証券会社の現場で株取引の空気に浸り、土曜になると必ず通う場所があった。三愛研である。証券界で定評ある株式情報レポートを発行していた三愛研で社員になってもっと深く相場を勉強したいという気持ちが強かった。

「三愛研は週刊で株情報レポートを発行していて、年会費６万円払って会員になると、週に一回レポートを自宅に送ってくれる。高校生の時からそれが読みたくて、母親の友人に会費を半分出してもらい、会員になっていた。相場分析や銘柄選定が面白くて、レポートが届くと朝の通学前でもすぐに目を通していたね。そのせいで一時限目の漢文の授業はいつも遅刻、赤点で卒業できなくなるかと冷や冷やしていたもんだよ。

レポートの発送が毎週土曜日で、僕はすでに会員だったから会社に遊びに行って発送を手伝ったり、数カ月のあいだ、毎週欠かさず顔を出していた」

そうした努力の甲斐あってか、やがて証券界で「株の神様」と呼ばれる犬塚芳詞所長の目に留まり、「ここで働いてみないか」と声をかけられる。中江にとっては「三愛研に入社するというより、犬塚に弟子入りする」という気持ちだった。

それからは毎日誰よりも早く会社に行って、仕事場に掃除機をかけ、机を拭いて、便所掃除まででした。与えられた仕事は株価のチャート書きだ。朝から夜遅くまで、株価のローソク足を引いて、チャートを書く仕事だけさせてくれたという。

「まさに丁稚の修業生活だよ。でも、そうやって朝から晩までチャートだけ書いていたら、だんだんと相場の動きや傾向が分かるようになってきた。今でも僕の財産になっているのは、この時に鈎足(カギ)のチャートを勉強できたこと。

ローソク足というのは株価を判断する大事な指標で、毎日の株価の始値・終値・高値・安値の四本値を一本のローソクで書くんだけど、鈎足は大引けの値段を基調にして、株価の水準によって値幅を決め、その値幅以上に動いたときだけ書き込んで、値幅が動かなければ毎日書かなくてもいいの。株価の勢いを正確に把握して、相場全体の流れを見ながら反転の動きを読み、今が売りか買いか、ポイント場面を考えるわけね」

この鈎足を考えだしたのは、柴田(しばた)秋豊(しゅうほう)という伝説的な相場師だったという。パチンコ玉100～200個を持ち帰ってきては全部ノギスで測り、より小さな玉を選びだしてパチンコをするような緻密主義者。それほどの情熱で朝から晩まで鈎足を記し続け、個人の主観的相場観や経験則を排し、唯一、チャート分析による有効な投資方法を編み出すことに生涯を捧げたといわれる。奇才にして研鑽の人だった。

「犬塚所長は、その柴田から直に鈎足チャート分析の読み方を教えてもらっていて、それを僕にそっくり教えてくれたんだ。僕にとって大きな財産になったし、柴田を超えたくて一生懸命チャートを研究したよ。お寺の修行と一緒、三愛研を辞めるまでの３年間は毎日チャートの研究を続けさせてくれた。貴重な時間だったよ」

チャート研究に没頭した柴田と自分を重ね合わせては、相好を崩して話し続けた。

「何といってもまだ18歳、人間もできていないし、相場の筋がどうこうまではとても考えが及ばないよね。それを三愛研に出入りする様々な株関係の人たちが、その日の相場の動きを細かく解説してくれたり、チャートの読み方のポイントを教えてくれたり、僕の相場観に意見を言ってくれる。すごく勉強になったね。

なかでも忘れられないのが、日本一の美人外務員としてマスコミで話題になっていた日東証券（後の三洋証券）のHさん。彼女が前場、後場の終了時に電話で相場の動きを分かりやすく解説してくれた。そのおかげでチャートの読み方、分析のやり方をすごく勉強することができた。この時期のすべてが、相場師としてのその後につながったのはまちがいないね」

この頃、中江は三愛研の会員だったある競輪選手に可愛がられていた。仕事が終わると、彼の経営する料理屋によく連れて行ってもらったという。彼の弟こそ、その後の投資ジャーナル事件までずっと中江と行動を共にする加藤文昭だった（後述）。

もちろん、相場の世界はいいことばかりではない。苦い記憶もある。三愛研の大口会員だったトヨタ系の会社社長が投資していた日本ゼオンの株価が、同社の塩ビパイプに発がん性があるという情報が流れたのがきっかけに大暴落してしまった時のことだ。

「僕の目の前で、その社長さんの唇が見る見る真っ青になって、体の震えが止まらなくなり、やがて放心状態になった。その姿を見て、一瞬にして10億から20億の資産のすべてを失ってしまう相場の怖さを嫌というほど思い知らされたよ」

1973（昭和48）年秋にはオイルショックで原油価格が高騰、トイレットペーパーの買い占めなど騒然とした社会の空気の中、平均株価は2割以上も急落した。

「その時に犬塚所長の友人たちが、僕がずっとチャートを引いて相場の動きをよく見ていることを知っていて、先行きの見通しを聞いてきたんだ。当時はまだガキだったたし、気楽な気持ちで『売っても買っても、どっちでもいいじゃない』みたいな楽観的な見方を言っていた。そしたら大暴落で、見通しを聞いてきた人たちも大損してしまった。

彼らが大損したのと僕とは直接は関係ないけど、無責任なアドバイスで損を止められなかったことには道義的な後ろめたさを感じたよ。犬塚所長は『気にするな』と言ってくれて、誰かに直接責められたわけでもないんだけど、何となく嫌な気分が残っていた。三愛研を辞めたのも、その後ろめたさが残っていたこともあったんだ」

ひたすら相場の研究に没頭する時間を持てただけでなく、相場の怖さも十分に知ることができた。三愛研での3年間の修業時代を経て、中江には、この先は独立してもやっていけるだろうという自信がついていた。

レポート誌でボロ儲け・京都の日々

1976（昭和51）年、名古屋から京都に舞い戻った中江は、山科に六畳一間・家賃3万円のアパートを借りて、三愛研と同じように株情報のレポートを出し始めた。会社名を「ツーバイツー（2×2）」としたのは、自身が22歳だったことと、会員に倍の儲けを出させる、という意味を掛け合わせたものだった。

スタート当初は中江が一人で考えた文面を和文タイプで打ち、ガリ版刷りで作ったレポート誌を三愛研の会員名簿をもとにして発送していたという。

「あの頃は、とりあえず日銭が入って毎日の生活ができて、家賃を払って好きなチャートの研究ができたらいいや、くらいの気持ちだった。

僕には株で儲けた金が口座に1000万円あったけど、その金を事業資金に使うことはしないで、株と事業のお金は別物と分けて考えていた。だから1000万円はないものとして『ツーバイツー』の事業は30万円で始めたんだ。それで会社が上手くいかなかったら、また大学進学を考えてもいいと思っていた」

当時の株式市場は「株のことは株屋に聞け」といわれるような、古い経験則に拠った相場観が根強く支配していた。そこに中江が持ち込んだのが、数学でいう統計と確率の考え方だった。前述のように、もともと数学は大の得意だ。

「要するに、今から10倍になる株を見つけるより、2割ずつ儲けることを毎回繰り返せば結果的に10倍以上になるということ。さらに独自の新しい着眼点として企業が所有している諸々の特許に注目し、その情報を相場予想に使ったわけだね」

レポートを読んだ人には、『2割ずつ儲ければ充分、しかも安心』という分かりやすさが大いに受けた。レポート料は月3000円、年間購読で3万円。最初のうちは3000円送ってくる人が多かったのが、「君の考えはいい！」と3万円送ってくる会員が徐々に増えていったという。

一点買いの大穴を狙うのではなく、複数の銘柄を運用して着実に利益を上げる。今でいう分散投資とリスクヘッジであり、企業の公開情報である特許に注目することは、今後の需要と業績を読むのに役立つ。当たり前と言えば当たり前だが、人脈と情報、経験と勘に頼る従来の「株屋」スタイルとは異なる考え方だった。

山科のアパートから出発した「ツーバイツー」は、中江独自の発想によるレポート誌が投資家のあいだで評判になり、入会者が殺到するようになる。毎日、現金書留が山のように届き、封筒を鋏で切って現金を取り出す手が痛くなるほどだったそうだ。近所の金物屋で見つけた手提げ金庫はたちまち一杯になり、入り切らない現金をとりあえず山積みにする。銀行振り込みもバンバン来るようになった。

「毎晩、仕事が終わると机の上にあふれた現金をわしづかみでポケットに突っ込み、四条、木屋町、先斗町（ぽんとちょう）の歓楽街に繰り出して遊んでたね。それでも次の日また現金書留がバサッと来る。もう使いきれないぐらい金が来た。

会員の数も増えて継続的にレポート料が入ってくるメドがついたので、アルバイトで何人か使うことにした。友人の兄が公認会計士で、現金出納帳を付けておかないと税務署がうるさいからとアドバイスを受けて、経理の女の子も雇うことにした」

さほど時間をかけずに会社が軌道に乗ったのには、レポート料の他にも理由があった。会社の収益を安定させるために中江が考えだした派遣外務員制度だ。

「京都の地場証券に僕の兄貴、妻とその弟の3人をうちの証券外務員として入れた。証券会社に客を紹介して取引してもらい、手数料の4割を外務員の給料としてもらう。うちが派遣した外務員だから、そっくりうちの会社の収入になって安定収入ができたわけ。そのうち錚々(そうそう)たる資産家のお客さんが何人も付いて、僕が指定する証券会社の口座に金を預けて株を売買してくれるようになった。証券会社から手数料が月に数千万円、いいときだと億単位のバックマージンが入ってくるようになった」

中江が考えていたもう一つの目論見は、雑誌を出すということだった。すでに『月刊投資家』というガリ版刷りの手作り雑誌を作っていたが、これをちゃんとした印刷物にして本屋に並べたいと考えていた。それには印刷代や原稿代で少なくとも数百万円の経費が必要だが、それをこの外務員制度のバックマージンで賄えるようになった。

1年余りで事務所を市内ど真ん中の烏丸仏光寺に移転し、社員も10人ぐらいまでに増えた。その中には、後に中江を中心とした「投資ジャーナル」の幹部となっていく加藤文昭（その後は社長）、京大出の精密機器メーカー社員だったSらの顔があった。

「ツーバイツー」の立ち上げから一緒にいた加藤は、前述の通り、三愛研時代に可愛がってもらった競輪選手の弟で、三愛研に兄貴のお使いでよく来ていた。一つ年下の大学3年、同世代ということもあって親しくなった。Sは三愛研の会員だったが、「ツーバイツー」のレポートを読んで、自ら会社に入ってくれた。そのSが連れて来たTは防衛大卒のエリートで、二人とも頭脳明晰な人物だった。そして和光証券の証券マンだったMも、社員になってくれた。

「それまでは僕しか相場を知らなかったところに、相場をよく知る人たちが増えて仕事が楽しくなった。その後、Sさんには『月刊投資家』の編集長をしてもらった」

会社としての陣容が整い、「ツーバイツー」の名前が大阪・北浜の証券界でも知られはじめる。大阪の証券専門紙に〝北浜の若獅子〟と紹介された頃には、中江は東京で勝負したいという野心をふくらませるようになっていた。

「5年前の高校生の時、ジャパンラインの株主総会に出席するために初めて東京に行った。田舎者の僕には、東京の街並みも、そこで働いている人たちも、眩しいくらいに輝いて見えた。初めて見る別世界だったね。いつか自分も東京で仕事をしたい、と憧れの気持ちをずっと抱いてきた。それに、情報社会では東京に本社がなければダメ。東京の人たちと付き合って情報を収集することが不可欠だと思ったんだ」

そうした野心を実現させるため、中江は日本の株取引の中心・東京証券取引所がある兜町に隣接する蛎殻町に「ツーバイツー」東京支店を開設。中江自身も、東京と京都間を行き来する機会を増やし、本格的な東京進出のタイミングをはかっていた。

投資ジャーナル設立・東京の日々

そして1978（昭和53）年、24歳の中江は日本橋蛎殻町の「ツーバイツー」東京支店に「投資ジャーナル」社を構えた。社員わずか20人程度でのスタートだった。

これからの株レポート屋はちゃんとした出版物を持たないといけない、そう考えていた中江が次に手を付けたのは、「ツーバイツー」で出していたガリ版刷りのレポートに代えて、雑誌『月刊投資家』を創刊することだった。

「ガリ版刷りのレポートからちゃんとした出版物へ、それには経費が毎回500万円かかる。創刊号を出したら、次の号も続けていかないと格好悪いじゃない？　やり出したら最低でも3年は続ける覚悟だったし、その経費が出せるぐらい稼げるようになったら東京に行こうと思っていたんだ。

近い将来、日本でも投資顧問業を規制する法律が必ずできる、その時には定期的に刊行する出版物があるかないかが重要になる。しっかりした刊行物を持っていれば投資顧問業として認可が下りやすい、と先を読んだわけ。僕は常に先を考えていたから、そのために社員をヨーロッパに行かせて海外の投資顧問業について調べさせていたんだ」

その際、ドイツの投資顧問会社が出していた出版物を部下に持ち帰らせた。中江が特に気に入ったのは、表紙に黒とオレンジを配した雑誌だった。B6判百数十ページの雑誌『月刊投資家』は、それをまねて黒とオレンジの目立つデザインにした。手作りのガリ版刷りから、印刷と製本を印刷会社に委託した本格的な雑誌として書店の店頭に置いてもらうと飛ぶように売れたという。

東京に拠点を移した中江は、持ち前の行動力と好奇心から積極的に人脈拡大に動く。『月刊投資家』はその一翼を担っていた。インタビューを掲載したことがきっかけで、大手証券の株式部長や営業部長などとも交流を持つようになった。

当時の証券会社はセキュリティが今ほど厳しくなく、事前に担当者とのアポイントがなくても簡単に社内に出入りすることができた。大手四社以外の中小証券になると顔パスで担当部署までつかつか入りこめたし、各証券会社がどのような銘柄に注目しているのか情報を収集しては、投資ジャーナルの銘柄選定の参考にしていたという。

朝日新聞のマネー欄で、「(株式コンサルタント会社『ツーバイツー』の）中江会長は『北浜の若じし』と呼ばれる若手相場師。弱冠二十五歳だが、大阪・北浜はもとより東京・兜町でも最近、相場のリード役を果たし、その筋では教祖的存在」、「二十数人の企業で顧客約三千人、動員できる資金は数百億円」（1979年4月9日付）などと報じられるようになり、中江の名は全国的に知られつつあった。

中江の存在が知られるようになると、大手証券を含め、兜町のほとんどの証券会社の幹部と会えるまでにその人脈は拡がっていった。大手証券の企業調査部の幹部が集まる勉強会に出席して自らの相場観を述べることもあり、注目度は動かしがたいものになっていった。中でも親しかったのは野村証券、大和証券、山一証券経済研究所、和光証券の幹部や業界紙の幹部たちで、日常的に活発な情報交換をしていたという。

中江は唯一の自著の中でこんなことを言っている。

「情報に関しては一人ではオールマイティにはなりえない。そして早耳情報はインサイダーから入ってくることが多い。それだけにインサイダー情報が入りやすい体制を整備

しておくことが重要だ。（中略）

これには、なにもむずかしい方法があるわけではない。その道、その業界にそれぞれの人脈を持っていることであり、それが最も大切なことだ。そのためには、新年会、忘年会、結婚式などあらゆる会合には必ず出て友人との旧交を温めておくとか、新しい知己をつくっていくことが必要である。また年賀状は絶対出して、とにかく面白いニュースがあった時は電話してくれ、会社で何か儲け話があった時は教えてくれということを連絡しておかなければならない。

こうした人の広がりを持っていることが大きな強味となる。（中略）

人脈を広げるために、株の世界では交際費を惜しんではならない。飲み屋へ行っても、必ず一人は新しい友だちをつくるよう努力すべきである」（『〝大化け株〟だけが財を20倍にする』実日新書、1983年）

ベータvs.VHS戦争から突破口

その頃のこと、各方面に張り巡らせた中江のアンテナに引っかかったのが、「関東電化工業がメタルテープを開発した」という情報だった。

家電業界は当時、カラーテレビに次ぐ新しい成長分野としてVTR（ビデオテープレコーダー）開発に注力しており、ソニーを中心とするベータマックス方式と、松下電器・日本ビクターのVHS（ビデオホームシステム）方式をめぐる主導権争いが激化していた。もとはと言えば、双方が採用したカセットテープにまったく互換性がなかったことが大きな原因だったが、ざっと経緯を振り返っておこう。

1975（昭和50）年5月にソニーがベータ方式を発売。当初は松下電器の松下幸之助相談役もソニーの盛田会長と会談してベータに賛同する立場を示していたが、翌年10月に松下グループの日本ビクターがVHS方式を発売する。すると松下相談役が方針を引っ繰り返して1977年には松下電器もVHS方式で参戦、ソニーvs.松下の戦争に発展していった。これ以降、ほぼ10年にわたってVTR戦争が繰りひろげられる。

「ベータは本体が重たかったから、電気屋で買って家に持ち帰るのは結構大変だった。松下相談役がベータを選ばなかったのも、『お客さんは買ったらすぐに使ってみたいもの、軽くて安くて持ち帰れるVHSを望むはず』というのが理由だった。実際、性能的に優れたベータより、販売力に勝る松下電器のＶＨＳのシェアが拡がっていった。

そこでソニーは、次の手として小型化8ミリビデオを考えた。だがテープをさらに小さくしなければならず、記録密度の高い鉄粉が必要になる。それがメタルテープで、どのメーカーがそれを開発するかが注目されていた。それを関東電化が開発したらしいという情報が出たわけ。

もともと関東電化は優秀な研究者が多い会社だと聞いていたので、株価がまだ80円ぐらいの京都時代からずっと注目していた銘柄株だった。その情報を耳にして即座に、これでベータとＶＨＳが統一される、と直感でピンときたね」

中江は直ちに自分の証券口座がある丸金証券に行って、関東電化を一気に１００万株買った。３億円の買いである。さすがに内心ではビビって、「１００万株も買ってしまったけど、大丈夫か」と不安から店頭でオロオロしてしまったそうだ。何とか気持ちを落ち着かせようと、いつも連絡を取り合っている大手証券の幹部二人に意見を求めた。

すると異口同音にこう言ったという。

「私も同じ問題意識を持っていました。中江さんの眼のつけどころはさすがですね」

その大手証券も間髪入れずに買いを入れて参戦してくれたおかげで、300円の株価があっという間に倍の600円に暴騰、1カ月かからずに690円にまでなった。

「その間、途中で全部は売らずに手持ちの3分の1を売り抜けながら利益を確保して、また次も売り抜けながら利益を取る、というやり方で売買を繰り返した。トータルでは600万株買いの500万株売り、と何回転もやった。十分利益が出ているから、そこで株価が下がったとしても資金的には何も問題ない、もう慌てる必要はなかったね」

関東電化は『月刊投資家』創刊号（1978年9月）の特集記事でも紹介されている。以降、関東電化は「投資ジャーナル」の一貫した推奨銘柄になった。

「大衆が何を求めているか」を読む

この頃には『月刊投資家』に加えて、『週刊投資家』も出すようになっていた。これも中江のアイデアによる『週刊投資家』の袋とじページには、推奨銘柄の記事が織り込まれており、一冊1万円という高額で販売したがこれも話題になった。

『月刊投資家』の発売日は毎月10日で、発売翌日の11日には記事で推奨した株を買って仕込んでいたという。

「その株価の下値を買うけど、株価を動かすには上値も買わなければならないから、結果的には損を出していた。でもそれは自分が儲けるためではなくて、投資家を納得させるため。やはり株価が動くことが重要で、そのための仕掛けは必要だったんだ」

雑誌に箔を付けるため、大物政治家や官僚、上場企業の社長らを対談に登場させた。主にインタビューを担当したのは、元時事通信社の経済記者で日銀や大蔵省を担当し、ロンドン支局長も務めた松浦渓典だった。時事通信を退社後、新日本証券で証券マンになった異色の人物で、銀行や証券など金融業界に幅広い人脈があった。日本で初めてオイルマネーを紹介したのも松浦だった。

そうした人脈を活用しながら、広告にも積極的に資金を投じた。テレビ神奈川やサンテレビでは1時間番組を持ち、ゴルフのハワイアンオープンやプロ野球のドラフト会議のスポンサー、リチャード・クレイダーマンのコンサートなど、幅広く知名度アップに力を入れた。

「80年代の頃は、メタルテープやガンの特効薬といった新技術の開発に世間の注目が集まっていた。そこで企業の特許と株を絡めて『科学技術と証券界のかけ橋』を雑誌のキャッチフレーズに据えた。

大衆が何を求めているか、それを読み取らないと株で儲けることはできないからね。僕は小学生の時から相場をやってきて、いつも大衆の心理を考えてきた。大衆心理をつかむキャッチフレーズを考えるのは得意なんだよ」

映画で人気を博した「二十四の瞳」にちなんだ「二十四の扉」というキャッチフレーズで投資顧問クラブを新設したのもこの頃だった。ツーバイツーで謳った2割儲けの半分、1割儲ける設定で、24回の売り買いを繰り返して倍になるような株を推奨するというアイデアが大衆に受けて入会申し込みの電話が殺到したという。

中江が関東電化の次に相場で取り上げたのは日本曹達株だった。折しもチタン関連株が注目されていた時で、日本曹達が液体チタンの新技術を開発したという情報で、200円だった株を買いに入った。

「当時はまだ板寄せ（証券取引所における競争売買の方法の一つ）の時代で、売り物が出てくるのを待って、出てきた玉（株数）を拾っていった。この時は野村証券も追随してきた。さらに新技術関連では光レンズの日本板硝子を2000万株、ストップ高までにした。立て続けに手掛けた相場が上手くいったので、情報交換していた大和証券の幹部に『中江さん、すごい力ですね』といってもらったのは嬉しかったよ」

常に大衆が何を求めているかを考え、アイデアが浮かぶとすぐに実行に移す。同時にそのための仕掛けも作っていた。兜町では中江の動向と手掛ける銘柄に注目が高まる一方だった。

第3章　兜町の風雲児

田中角栄との出会い

念願の東京進出を果たし、相場で次々に成果を挙げて破竹の勢いだった頃、中江は政界のドン・田中角栄と会う機会を得る。当時の永田町事情をざっと見ておく。

１９７４（昭和49）年11月号の月刊誌『文藝春秋』で、ジャーナリストの立花隆による「田中角栄研究——その金脈と人脈」と、児玉隆也「淋しき越山会の女王」で田中の金脈問題が暴露された。これが大きく世論を動かしたことで、田中は総理退任に追い込まれる。

さらには１９７６（昭和51）年2月にアメリカの上院外交委員会において、ロッキード社副社長コーチャン証言により日本へ航空機売込み汚職が発覚。田中は同年7月に東京地検特捜部によって逮捕された。刑事被告人となったことで、政治の表舞台には立てなくなったが、以降はキャビネットメーカーとして圧倒的な影響力を持ち、目白の「闇将軍」と称されるようになる。

1980（昭和55）年、自民党内では、田中と福田赳夫の熾烈な争いが続いていた。大平首相の進退をめぐる「四十日抗争」のあおりを受け、野党による内閣不信任案が可決され、大平首相は参院選に合わせて衆院解散（ハプニング解散）を決断、初の衆参同日ダブル選に突入していく。

しかし、選挙戦の真っ只中に大平首相が急死、弔い合戦を掲げた自民党が圧勝する。大平の首相の座を継いだのは、田中派が推す鈴木善幸だった。

中江が田中と会ったのは、政局が混迷をきわめる最中でのことだ。時の最高権力者との面会を中江が振り返る。

「東京で本格的な活動を始めて2～3年目、京都と違い、とにかく情報がたくさん入ってくるので、手掛ける相場が次々当たって相当儲けていた。当時、投資ジャーナルの預金口座は蛎殻町に近い人形町に本社のあるコスモ信用組合に開設していて、23億円ほど預金していた。いわば上客ということで、担当者が『何かご要望はありますか？』と聞くから、『田中角栄に会ってみたい』と言ったわけ。時の権力者が何を考えているのか、知りたかったからね。すると後日、泰道三八理事長が田中先生の目白邸に行くことになっているので一緒にどうか、と言ってきた。軽い気持ちで口にしたことが実現するなんて、思ったことは言ってみるもんだな、と思ったよ」

面会を仲介した泰道は、先の弔い選挙で初当選を果たし、その後自民党に入党。鈴木首相の出身派閥である宏池会に所属していた。

この頃の中江は兜町でこそ注目されていたが、まだ20代半ばの青年にすぎない。最高権力者との面会には緊張を隠せなかったそうだ。

「背広に革靴で正装して、泰道さんの車で目白の田中邸の大きな門を通った。広い応接室に通されてしばらくすると、ワイシャツ姿の田中先生が部屋に入ってきた。応接テーブルの上に金色の亀の置物があって、先生が亀の首を押すとチンと呼び鈴が鳴って、秘書が傍らにすっとんで来る。秘書に次々指示を出すのを見ていて、一分一秒とも無駄な時間がない。これは大変な人だと思ったよ」

面会時間は10分の予定だったが、「自分のような株レポート屋のハナタレ小僧が、田中先生と会える機会は二度とない」と思った中江は、頭に浮かんだことをためらいもなく質問し続けた。結局、田中は一時間近くを割いてくれたという。

「この国の政治の裏には何があるんですか？」

「それは、どこで誰がどう決めているんですか？」

するとと田中はテーブルを拳で叩きながら、例のダミ声ではっきりと言ったという。

「君、ここだよ、ここでこの国のすべてが決まっているんだ。国会じゃない！」

子どもじみた質問でも、田中は一笑に付すでもなく答えてくれる。

さらに調子に乗って、「株の世界には政治銘柄というのがあるそうですが？」と聞くと、「政治銘柄なんてウソだ、あるわけないだろう、君」と言下に否定されたという。

「ここ目白の私邸で日本の政治が決まっているのか、へぇ、すごい秘密を聞いてしまったな、と記憶に残った。まあ、考えてみれば国の政治を動かしている人物が、政治銘柄で株をやっていると認めるわけもない。あの頃は好奇心のかたまりみたいなガキで、今考えるとよくそんなこと聞いたなと思うよ」

この時中江は、まさに「闇将軍」、「キングメーカー」と呼ばれる権力者の凄みに接していた。田中との面談での一挙手一投足はよほど心に深く残ったのだろう、身振り手振りを交えながら会話のやり取りを楽しげに話す様子が印象的だった。

大物総会屋に協力を仰ぐ

東京進出と同時に雑誌『月刊投資家』の発刊も成し遂げたことで、「投資ジャーナル」の知名度は全国的に拡まると考えていた中江だったが、それには高いハードルがあった。出版業界の販売ルートの問題である。

全国の書店に雑誌を流通させるには、大手の出版取次会社を通さなくてはならない。『月刊投資家』は取次の大阪屋でしか扱ってもらえなかったため配本地域が限られ、まだ全国展開はできていなかった。本を配本するにはどうすればいいのか調べてみると、大手取次の東京出版販売（東販、現トーハン）と日本出版販売（日販）の2社が雑誌流通のほとんどを占め、両社に扱ってもらうしか方法がないことがわかった。

「できないと言われると、何がなんでも全国の書店に並べたいという欲望が湧いてきてね。東販、日販に食い込むためにどうすればいいのかさらに調べていくと、大株主に木島力也(じまりきや)という人物がいた。新左翼系の月刊誌『現代の眼』を発行する現代評論社の社長で、この人にお願いするしかないと思ったんだ」

中江が人を介して木島と会ったのは、1979(昭和54)年頃のことだ。競馬ブームの立役者となった名馬ハイセイコーの馬主としても有名だったが、その半面、当時の第一勧業銀行や神戸製鋼など大手企業に影響力を持つ大物総会屋としても知られていた。もっとも当時の中江は、そうした木島の側面をまったく知らずに接触していたという。

「僕みたいな若造にもざっくばらんに色々な話をしてくれる、温厚な方だったよ。競走馬を何頭も持っていて日本一の馬主だと言ってたけど、その一方で、今の日本は赤字国債の増発で国民一人当たりかなりの借金をしている、このままだと日本はダメになる、と憂える思いを力説していた。うちの雑誌の販路拡大に力を貸してくれたけど、謝礼は受け取らなかったね」

ともかくも中江の願い通り、『月刊投資家』は全国の書店の店頭に並び、「投資ジャーナル」の知名度を広めていくことになった。

受け渡し不能事件から「10倍融資」へ

中江の計画通り、順風満帆に突き進んできた「投資ジャーナル」に初めて躓きが起きた。東京進出から3年経った1981（昭和56）年9月のことである。

通常、株の取引が成立すると、取引先の証券会社や証券金融に売買代金や株券の受け渡しを行なうことになるのだが、証券金融1社との間で受け渡しができなかったのだ。株売買の受け渡し業務は、中江の妻を中心とする「ラック」が担当していた。この時、中江との間で激しいやり取りがあったことを、後に妻が週刊誌に明かしているので引用する。

（9月7日の）月曜日には、関東電化三十万株前後の受け渡しという大仕事が予定されていました。ところが月曜日、朝から金融会社に次々に確認の電話を入れていったのですが、午後四時半になって、一社が「受けられず」を回答、証券会社に一億近い内金を入れることで、受渡しを一日待ってもらうはめになってしまいました。「関東電化・受け渡し不能」説が、一斉に流れ、株価は大暴落しました。（中略）中江は私をなじりました。「お前はヘッジというものを考えないのか！」「考えることは考えたけど、それは私の仕事じゃないでしょう……」私には、彼の言葉が、自分の仕事上の不注意が招いた結果に対する八つ当たりとしか思えなかったのです。当時、関東電化は持ち株が大幅にふくれていたこと、株価の上昇などから、さまざまな臆測やデマが流れ易く、証券会社も自制しがちで、したがって金融のつなぎも難しくなっていたことを、プロである中江は当然了解していたろうと思ったのです。（中略）この〝事件〟について、しばらくして私が苦言を呈したところ、「うるさい、黙れ。会社のことに口を出すな」と中江は怒鳴るだけ。（『週刊文春』1985年11月7日号）

関東電化株の暴落で、「投資ジャーナル」が潰れるとか、様々なデマが兜町に広がり、中江銘柄と見られていた他の株も軒並み暴落。一晩で5億円もの損失を出したという。動揺する社員を集めて中江が状況を説明すると、全社員が辞めずに残ってくれた。

「残ってくれた社員たちに早く立ち直ったところを見せて安心させたかったたし、やられた兜町の金融屋に仕返ししてやりたかったから、金融業を考えてしまった……」

当時の兜町周辺には200社近い金融業者があり、中江が調査を命じたA社は、客から株券や現金の担保を取り、投資資金を貸し付ける証券金融でいち早く実績を挙げて評判になっていた。金融業を始めるかどうか、中江は逡巡する。

それでも1982（昭和57）年春、「投資ジャーナル」は投資家に元手資金の10倍まで貸し付ける「10倍融資」を掲げた証券金融をスタートする。10倍融資とは、100万円の元手に対して900万円を貸し付けて1000万円分の投資ができるという、言わば禁じ手だった。

証券取引法は、無免許での株売買の取次ぎ、投資家に融資を行って株を買わせるなどの証券類似行為を禁止している。中江の頭にも、「10倍融資はクロ（違法）ではないか」という一抹の不安があった。しかしその一方で、関東電化株の暴落によって穴を開けた5億円分を早く埋めたいという焦りもあった。

後年、中江が顔を歪めて「大きな判断ミスだった」と悔やむ10倍融資。これがやがて「投資ジャーナル」崩壊につながったという思いがあるからだ。

「損を出した5億円の穴埋めをするために10倍融資を始める、そのために証券金融の研究など準備はしていたが、僕が躊躇（ちゅうちょ）してなかなか踏み切らないのを見て、（投資ジャーナル社長の）加藤が勝手に始めてしまったわけ。

『会長、３０００万円集まりました』と報告にきた時、『何だ、相談もなくやったのか』と怒ったけど、顧問弁護士は『経済的行為で詐欺ではない。法には触れない』と言っていた。すでに金を集め出していたから、証券金融にすっきり納得はしていないながら、もうやり続けるしかないと思った。関東電化株での受け渡し不能が起きていなければ、絶対にやっていなかったけどね。

投資ジャーナルはもともと営業力があったし、何より『月刊投資家』という雑誌媒体を持つ投資顧問会社はうちだけだから、知名度も信用力もあった。投資顧問業はどんなに会員を集めても３０００人が限度といわれていたのが、うちはその10倍、３万人はいたからね。会員はどんどん増え続けていった」

この年4月、10倍融資の証券融資を担当する東証信用代行を設立したのを皮切りに、東京クレジット、日本証券流通と相次いで証券金融会社を設立。「投資ジャーナル」の大きな収入源となり、１００億円単位の資金を動かすまで膨らんでいく。

10倍融資のシステムを使えば、１００万円の出資なら１０００万円まで、１０００万円なら9000万円の融資を受けて1億円まで株投資ができる――この当時、中江の頭の中にあったのは、「自由投信論」という独特の投資理論だったという。

「一般に、株投資をしたい人というのは、誰しも自分で売り買いをしたいが、損はしたくないし、儲けたい。だけど、金融会社に任せているだけの投資信託では面白くないという思いがある。そこから、〝預けてお任せ〟の一任勘定では物足りず自分で売買をやりたいならどうぞやってください、と投資家の思いを満足させてあげるという『自由投信論』に行き着いたわけ。公表も説明もしなかった独自の考えだけどね。

客は相場の素人だから、あの株もこの株も買いたい、と大した根拠もなくやる。で、結局1年や2年経てば損をしてしまう。ならば客が5000万円損を出したなら元の1億円にして返してあげればいい。そのためには、例えば素人客が1億円使って5000万円の損を出すところを、代わりにその1億円を僕が運用すれば、1億円が1億3000万円、1億5000万円と儲けを出せる。客が5000万円を損しても、全体で見ればプラスになる。僕の儲けが客の損を補塡する、つまり保険投資ということだね。

もちろん、客が自分で買いたいと言えば買ってもらっても結構だけど、僕の運用は黒字になるが客は必ず損を出す。それなら何も客が買いたいという注文をやることはないから、買ったということにしておく。そして客が精算をする時は、客の株が上がっていたらその儲けを乗せて計算書を作り、ちゃんと4日以内に現金を渡していた。

本来なら損が出た客には追証（おいしょう）（追加の担保）を出させればいいんだけど、追証は取らず、最後は僕が助ける。客が5000万円損をしたなら僕が2000万円を補塡し、残りの3000万円を毎月100万円ずつ返してくれればいい、と客を助けることにしていた。僕ほど投資家のことを考えていた人間はいないよ。結果論として、間違っていたけどね」

「投資ジャーナル」には毎日平均で2億5000万円の利益が入り、中江自身も10億円の投資資金を運用、株の売買で常に1億〜5億円の利益を挙げていたという。10倍融資で集めた金をすべて中江が一任勘定で動かすためのカラクリが、この「自由投信論」であり、やがて検察が詐欺を主張する根拠になっていくのである。

日本における最高級の歓楽街、東京・銀座には、全国から富裕層が集まってくる。この地に立ち並ぶ高級クラブは、普通の飲み屋とちがい、とくに容姿にすぐれた女性が最高のもてなしをすることで客に満足感と優越感を提供する。有名クラブともなると政治家や財界人、弁護士や医師、芸能人などハイソな客層が相手だけにほとんどが会員制システムで、一見客は入店することさえ難しくなる。

地方で生まれ育った中江にとって銀座の高級クラブで遊ぶことは憧れの一つだったが、東京に進出したばかりの頃は、ドアを開けることさえ憚(はばか)られた。

「東京でまず衝撃的だったのが銀座のクラブだったね。築地で有名な老舗佃煮屋の社長が、高級クラブ『セリーヌ』に連れて行ってくれたんだけど、きれいな女性がたくさんいて、京都で遊んでいた木屋町や先斗町のクラブとは比べようがなかった。みんな飛び切りの美人でしかも品があって、煌びやかで見たことない世界に迷い込んだような感覚だったよ。すっかり銀座遊びにはまってしまい、その日の仕事が終わると会社の連中4~5人を引き連れて、ほぼ毎日、色々な有名クラブに通っていた」

これ以降、逮捕されるまで中江の銀座通いが途絶えることはなかった。さらに、中江の人生に大きな影響をもたらしたのが赤坂の料亭遊びだ。

言うまでもなく、赤坂は新橋と双璧をなす花街で、1970年代の最盛期には60軒以上もの料亭が軒を連ね、400人もの芸者がいた。隣接する永田町の政治家の待合政治、中央と地方の官僚たちの官官接待がその繁栄を支えていた。一流の格式を持つ料亭「川崎」「中川」「千代新」などは、政財界人や映画スターたちの御用達だった。

「27歳の時、会員の投資家が『新浅野』に連れて行ってくれてね、京都でも祇園に芸妓遊びがあるとは知っていたけど、さすがに行く機会はなかった。東京で初めて芸者を呼んで、唄や踊りのお座敷遊びを覚えると何だか自分もえらくなったようで、いい気分だったね。それからよく『新浅野』に行くようになった」

たまたま席に呼んだ中に宗千代がいた（後述）。その頃はまだ半玉（芸妓見習い）で、一人前の芸妓ではなかったが、「新浅野」では必ず彼女をお座敷に呼んでやがて親しくなっていく。「川崎」は、著名政治家や一流企業トップらが利用する、一見客の入店が許されない一流料亭だったが、宗千代が「川崎」のお座敷にも出入りしていたことから、中江も出入りを許されるようになった。

それからはほぼ毎日のように、日が暮れるやきまって「川崎」に顔を出し、ひとしきり遊び終えたら、銀座の高級クラブをハシゴするのが習慣になった。日々流れ込むカネとケタ外れの散財には、中江なりの理由もあったという。

「僕はクレジットカードを持たないし、ツケ払いもしない。その場で、現金で、全部払う。だから銀座で遊ぶ時は２〜３０００万円の現金を詰め込んだ紙袋を会社の部下５〜６人に持たせて、一軒４〜５００万円は使っていたかな。紙袋が空になるまで何軒もハシゴしてた」

赤坂の料亭通いには情報収集や人脈作り、会食相手に格の違いを見せて驚かせるためという目的があったが、銀座のクラブ通いには別の理由があった。

「銀座のクラブを使うのは、お客の接待や社交目的も多少あったけど、やはり一番の理由は、自分の精神的な興奮を静めることだった。相場というのは、１分遅れたらもうその値では取引できない。取引所にいる場立ちから値動きの電話が来て、その瞬間に決断しなければならない。躊躇しているひまはないし、そこで判断を誤れば大きな損を出すこともある。毎日朝からずっとそんなことやっていたから、仕事が終われば部下を引き連れて酒を飲んでひと騒ぎ、夜は隣に女がいないと怖くて眠れないよ。

あの頃は、金融業はグレーだ、どこかで権力にやられるかも、と思っていたから余計に怖かった。精神的興奮を癒すために毎晩、銀座で気に入った女の子を口説いてた。でも、お金で買ったことは一度もないよ。その子の売り上げ成績を上げるためになるべく高い酒を飲んで、女の子に癒される。その日の相場を反省して、納得できない金を使ったと思えば、次の日また相場で儲けてやる、という気力が湧いてくるわけだ。

馬鹿げていると思うかもしれないけど、銀座遊びは僕には必要な時間だったし、ここで使う金は明日100万株も余計に動かせばすぐ儲けられる、そんな感覚だった。女遊びの効力は脳科学的にも説明できて、女遊びしないやつは人間力が伸びないが、女遊びを必要ないと思うなら、その方がいい。僕みたいにやり過ぎて人生おかしくなっちゃうからね。

当時は使える資金が100億円はあったが、僕は慎重だから10億しか使わないようにしてきた。その10億を毎日の相場で何回転もさせて、何億と儲けた。相場は売りが大事で、売りができない人は損をする。僕は買いも売りもどっちでも儲けたけど、それは売り際が上手かったからだね」

ユリ・ゲラー来日と会心の相場

この頃の中江にとって「会心の相場」だったと胸を張るのが、1983（昭和58）年夏に仕掛けた青木建設株だった。その楽屋裏には、意外な有名人が関わっていた。

子供の時分から超能力に興味があった中江は、テレビでスプーン曲げを披露する超能力者ユリ・ゲラーを観て、どうしても本人に会ってみたくなった。連絡をとる方法は、日本テレビの名物ディレクターを通すことだったという。

思い立ったら即行動に移す中江は、ディレクターにユリ・ゲラー来日プランを依頼。表向き、日本テレビが招いたことになっているが、赤坂プリンスホテルのスイートルームを1カ月間貸切りにするなど、来日費用の大半を中江が負担したそうだ。来日に際しては、ユリ・ゲラーを主賓に歓迎パーティも開くことにした。

するとそこに、青木建設の社長と家族が来ていて、社長に「娘がユリ・ゲラーに会いたがっている」と聞いた中江はユリ・ゲラーと彼らの面会をセッティング。よほど嬉しかったのか、後日、社長がお礼だといって、ブラジルで金鉱脈を掘り当てたという内部情報を教えてくれたという。

その少し前、住友金属系の菱刈鉱山が金含有率の高い世界有数の金鉱山とわかり、「最後の相場師」と呼ばれた是川銀蔵が買い占めたことで、大きな相場になっていた(106頁で詳述)。その相場でひと儲けした投資家たちが、他に有力な金鉱山がないか物色しているところで、菱刈鉱山の隣にある三井金属の串木野鉱山に注目が集まり、三井金属も相場になっていた。投資家心理はこぞって金に向かい、地方の鉱山でも金が出たと聞くだけで即座に反応するなど、金ブームで次の銘柄探しをしている最中だった。

「そこに青木建設がブラジルで金鉱脈を掘り当てたという情報を流したら、投資家本能が揺さぶられて飛びついてくるのは目に見えていた。小学校の時から株をやってきて、大衆の心理はよくわかっていたし、逆に言うと、そこが読めないと株は儲からない。金鉱脈発見の情報はいけると思ったし、これはまだ自分しか知らないことだから相場が動く前にじっくり買い進めることができるわけ」

中江は底値の300円台で300万株の買いを入れたが、その後、株価は1000円台まで急騰。午前中の取引開始で買い、午後の大引けにかけて売る回転を毎日繰り返した。最終的に儲けは85億円にもなったそうだ。

「さすがにあの時は、一日中緊張している状態が連日続いたので、『川崎』で政治家の稲村利幸と食事中に過労で倒れ、救急車で病院に搬送されるおまけもついたけどね」

もちろん『月刊投資家』でも青木建設を取り上げ、大いに投資家の心理を煽った。「投資ジャーナル」への注目度はますます高まり、これを機に会員数も倍増したという。

独特の経営スタイル「柱制度」

東京に進出した当時（１９７８年）の投資ジャーナルは、社員わずか20人程度でスタートしたことは先に述べた。その後は相場の成功とともに年々社員数が増え続け、やがて３０００人にまで膨らんでいく。中江一人では組織の隅々まで目が行き届かなくなる一方で、社員の掌握には中江なりの独特な人心収攬術があった。

その一つが「柱制度」である。京セラの稲盛和夫が編み出した経営手法「アメーバ経営」からヒントを得たものだ。アメーバ経営とは、会社の採算部門を６～７人の小さな集団組織に細分化し、独立採算で運営する経営戦略である。

中江は会社組織を「柱制度」と名付けた。当然ながら大黒柱は中江自身で、その周りに一定の条件を満たし「柱」と認定した社員50人を置く。「柱」にはそれぞれノルマを与え、それを達成してくれることで会社経営が成り立つというシステムである。

「一般企業では取締役にあたるけど、その役職名だといかにもサラリーマン重役で組織の歯車の一つみたいで、強い責任感は持てないと思った。そこで個々の幹部に責任感を自覚させるために『柱』という表現にしたわけ」

「柱」の決め方は、「投資ジャーナル」スタート時からずっと一緒にいる仲間20人をまず認定する。その「柱」に何カ月かに一度、「柱」となれる部下を推薦させる。推薦の部下を出すとその幹部のノルマは減らす。しかし、その推薦された新しい「柱」がノルマを達成できないと、その推薦した「柱」の責任になって逆にノルマが増える。

中江はこのやり方を人事マルチと名付けていた。ノルマは月々で変わるが、基本ノルマは3000万円程度。「柱」にした50人の幹部には、人事権まで含めて全ての権利を与えて売り上げを競わせる。

月々3000万円の基本ノルマを達成するため求人募集をして部下を100人単位で採用し所帯を大きくする幹部もいれば、5～6人しか部下を持たない幹部もいた。それぞれの「柱」が独立採算制で、雇った部下らの給料もその「柱」の判断で決めていたという。つまり、「投資ジャーナル」の中に50人の幹部を中心とした50の準会社組織が存在していたということだ。

「僕にとっては『柱』に認定した50人だけが社員であり、彼らの給料は僕が決めていた。最初は基本給100万円から始まり、ノルマを達成すると毎月10万円増え、頑張って毎月ノルマを達成すれば、1年で基本給220万円になる。夢があるよね」

「投資ジャーナル」の主要な部門は営業部と株式部だった。営業部は新規の客を獲得し、その客を株式部が引き継いでフォローして投資に結びつけて、手数料を得る。50人の「柱」は両部門から半々で構成されていた。

1日のスケジュールは、毎日午前8時45分に朝礼、正午に昼礼、午後6時頃に夕礼、夜の午後11時15分に終礼の会議。15時間ほぼ休みなく働かせるというハードさだった。

「会議に出席するのは柱の50人だけ。月のノルマが3000万円なら、証券取引所の立会日が20日として10日で1500万円上げないと達成できない。売り上げグラフを作って達成度を毎日チェックさせ、すでにノルマを達成できた『柱』のグループは会議に出ることも出社する必要もなく、好きなようにしていいことにした。翌月分も含めた6000万円を達成していたら、翌月は海外で自由に遊んでいても文句は言わなかった」

ノルマ以上を売り上げた分は、すべてその「柱」のグループに与え、新しい事業会社を設立するもよし、好きに使わせた。そうして金を儲けることの楽しみを教えたという。

「でも、時々ふらっと職場をたずねて社員の仕事ぶりを見ていると、ほとんどが仕事の電話をしている振りをして実際は競馬レースを聞いていたり、仲間と遊びの打ち合わせをしたり、100ある力のうち6~7割しか出していないわけ。こいつら手を抜いているなあ、と思うよ。でもね、毎回100%の仕事をやらせてはダメなんだ。6~7割の力でノルマを達成できるようにしてやらないと長続きしないからね」

そこで社員のやる気を引き出すために中江が仕掛けたのが「賞金レース」だった。年に3~4回、社員にどのくらい営業力があるかを見るイベントで、どの「柱」のグループが一番多く稼ぎを上げるかを競わせるのだ。

「賞金レース」の結果発表は、ホテルオークラやニューオータニの宴会場で開催した。1位を獲得した「柱」のグループには1000万円、2000万円という賞金を与え、ビリになった「柱」の幹部は、みんなの前でその場で丸坊主にさせられた。

「この時ばかりは賞金を狙って全員、本気モードで100%の力を出してきた。トップを獲るには1億以上の利益を上げなくてはならないから、本当に能力があるやつとダメなやつを明確に分けられる。

　負けて悔しさを感じたやつは奮起して次こそトップになろうとハングリー精神を育てられるが、ビリで丸坊主にされても何も感じないのはいつまでたってもダメ。自分のダメさ加減を自分で徹底的に考えさせる機会でもあったね」

「賞金レース」は営業力を高める訓練だが、新入社員の教育もまた独特だった。入社すると、まず証券会社の顧客名簿をもとに電話でアンケートをとらせることから始める。アンケートの一環として、『月刊投資家』の新規読者の勧誘と年間購読セールスをさせる。仕事に馴染んできた頃を見計らって、レポートの顧問料10万円の契約獲得をやらせるのだ。

そこで見事に顧問料10万円の契約を取った社員には現金で10万円を渡すだけでなく、ご褒美で銀座の高級クラブコース、赤坂の料亭コース、さらに吉原や川崎の高級ソープランドコースの中から行きたいコースを選ばせて、中江自身が連れて行ったという。

「どのコースも10万や20万じゃ遊べないところばかりで、学校出たての20代の若造がそんな高級店で遊んだら、すげぇ！　と思うわけよ。と同時に、10万円稼ぐのがどれだけ大変なことなのかも実感する。

せっかく手にした大金も、持っているだけではその価値が分からない。要は、お金の使い方の楽しさ、魅力を覚えさせるわけ。お金の面白味を覚えると、お金を稼げばこんなに楽しいことができる、そう思ったやつはトップセールスマンになっていく。僕もずっと営業をやってきたから社員の心理はよく分かる。その心理をくすぐってやれば、若い部下はいくらでも成長していくよ」

部下の心理を読み取り、手綱を締めたり緩めたり、巧みに掌握してきた中江だが、外見上の好調さとは裏腹に、この頃から内心に不安を抱えるようになっていたという。

「1982年に10倍融資の証券金融業を始めてからは、本当は、僕自身が毎日ビクビクしながら過ごしていた。金融業はグレーだからいつかは叩かれる、規模が大きくなって、世間に注目されればされるほど叩かれるだろう、それでもし会社が潰れたら社員やその家族も路頭に迷うことになるってね」

いつかは問題視される、という本心は誰にも話さなかったが、50人の幹部会議で、ある構想を提案している。それが「プラスワン構想」だった。

「株の世界は先がどうなるかわからん、会社がおかしくなった時のために今から社員一人一人が株以外で自分の家族を養える仕事をちゃんと持っておけ、新しいビジネスのきちんとした考えがあるなら出資してやるから株以外のプラスワンで将来の生活基盤を作れ、そう説明したんだ。

それで幹部たちが色々な事業を始めたので、関連会社がいくつもできた。スナックや割烹料理屋、喫茶店を始めたのもいたけど、結局は株の相場しか知らない連中ばかりだから、投資顧問会社を立ち上げた者が多かったね」

投資ジャーナルの最盛期に関連会社が200社、社員3000人までに膨らんだ背景にはこのプラスワン構想があった。

清純派アイドルとのスキャンダル

「プラスワン構想」は思わぬところで、中江の人生に忘れられない後悔のタネをもたらすことになる。芸能人とのスキャンダルである。

当時、プラスワン構想の一環として、新しい雑誌を作るというアイデアが出た。提案した幹部の「柱」の一人が早大出の文学青年で、『パルム』というカルチャー雑誌を作りたいといってきたのだ。その時に思い浮かんだのが、一人の女性アイドル歌手の顔だった。

「テレビ番組『アップダウンクイズ』を見ていたらたまたま彼女が出ていて、司会者が、暴走族をどう思う？　と聞いたら、彼女は『私とは世界が違う人です』ときっぱり言ったの。その一言で、真面目でいい娘だなと思ってね、何も好きな女のタイプとかいうのではなくて、清楚で可愛いからファンになっただけ。新雑誌の提案があった時、創刊号の表紙に彼女を起用してインタビューを載せるのを条件に、4000万円の出資を認めることにした」

１９７９（昭和54）年にデビューした彼女は、日本レコード大賞新人賞を受賞するなどアイドル歌手として若者の人気を集めていた。

ところが１９８４（昭和59）年11月、中江とのツーショット写真が写真週刊誌『フライデー』創刊号に掲載される。女性アイドルの自宅の新築資金として「投資ジャーナル」の関連会社から７０００万円が流れていたなどと報じられると、芸能マスコミを巻き込むスキャンダルに発展、芸能界引退に追い込まれてしまったのである。

「当時僕は30歳手前で彼女は６歳年下だったかな。アイドル歌手としてこれからという時に将来を壊してしまって、あれから三十数年経った今でも、彼女の人生を狂わせたことを申しわけないと思ってる」

当時の経緯を中江が申しわけなさそうに振り返る。

「新雑誌の提案からしばらくして、彼女のインタビューと撮影に同席したんだ。取材が終わった後、カメラマンに『会長、記念写真を』と促されて彼女の隣に座ると、『軽く肩に手を回してください』と言うから言われるままにそうしたら、それを写真誌に売りとばしたんだよ」

中江が彼女と会ったのは、その時が初めてだ。それから数回ほど食事をしたという。

「彼女の話では、母親が会社の会計係をしながら二人の娘を育ててくれたとか。だからバイクで遊び回っている連中とは世界が違う、と言ったんだろうね。それと持病がある母親を土地付きの家に住まわせてあげたい、とも言っていた」

『フライデー』に写真が掲載される1年ほど前、実は『アサヒ芸能』が二人の関係を記事にする直前までになっていたという。それを知った中江は記事を止めさせるべく奔走、何人かの政治家にも頼んだが断られ、困り果てて料亭「川崎」の女将を頼った。

すると女将は応接室に中江を呼び、「三浦さんという凄い人がいるから、今ここに来てもらうように頼んであげる」と言ったという。女将が呼んだ「凄い人」とは、テレビ朝日・専務だった三浦甲子二（きねじ）のこと。政財界に幅広い人脈を持つ実力者で、〝テレ朝の天皇〟と称されていた。三浦もまた「川崎」の常連だったのだ。

「三浦さんは僕を見るなり、『お前か、近頃、農協みたいな遊びをしている若造がいるってのは！』と一喝。それが出会いだった。でも『アサ芸』の件を説明すると、『よし分かった』と、目の前で徳間書店に電話を入れ、『三浦だが、すぐに社長から電話を寄こしてくれ』と伝言。しばらくすると徳間社長から折り返し連絡があり、『オレの可愛がっている若いやつが来週号で叩かれると困っている。記事を止めてくれないか』と依頼、『もう心配するな』と言ってくれた。凄い人がいるもんだな、と驚いたよ」

これがきっかけとなって、三浦とは気が合って毎晩のように会う関係になったという。それが、この後の中江に様々な影響を与えることになった。

「実はこの件の後、三浦さんに彼女の実状を話したんだ。年間２億円稼いでいるのに収入は１０００万円程度しかないらしい、と言うと、それじゃ気の毒だから新たに芸能プロを作って移籍させたらどうかという話になった。僕がお金を出してプロダクションを作り、移籍まで半年くらいかかったかな。つまり、例の７０００万円は移籍料の意味だったわけだけど、マスコミは、中江が愛人にプレゼントしたとか、デタラメを流して騒ぎ立てたんだ」

その後しばらくして「投資ジャーナル」が事件になった頃のこと。ヨーロッパに潜伏していた中江に、関係者から「アイドル親子が挨拶に来ました、電話してあげてください」と連絡があったという。

「ウィーンのアパートにいた時で、電話で居場所を突き止められるのが怖かったので、スイスのホテルまで行って国際電話をかけた。すると彼女は『会長、私は大丈夫です』って。ヨーロッパでも日本のテレビは見られたから、彼女がマスコミに追われて袋叩きになっているのは知っていた。なのに、そんなこと一言も言わずに僕のことを気遣ってくれた。ああ、やっぱり真心のある子だなと改めて思ったよ。

結果的に僕のせいで芸能界を引退させてしまうことになったけど、その後の彼女の様子から、彼女は自分の人生を取り戻したのかも、そう思えることが救いかな。もしそうでないなら、何度でも謝らないといけないと心の底から思ってるよ」

赤坂芸者と脱税騒ぎ

三浦甲子二は朝日新聞の政治部記者からテレビ朝日に転じ、専務に上り詰めていた。その背景には、影の権力者である田中角栄、その意を受けながら首相になった中曾根康弘らとの親交があり、政局の動きにも影響力を持つようになっていた。

この頃の三浦は、田中に対する自民党の各派閥や野党幹部の動向を探るため、政治家や財界トップらの会合に毎晩のように顔を出していた。赤坂界隈での政治家の会合が終わる頃合いを見計らっては中江を呼び寄せ、政治家に引き合わせるなど、何かと中江を支援していくようになる。

その三浦によって助けられたことは他にもあった。中江が入れ揚げた赤坂芸者・宗千代の件である。当時、中江は半玉の宗千代が大のお気に入りで、料亭「川崎」の女将の仲介で、５００万円で彼女を水揚げしている。20代の若者が半玉を水揚げするなど、赤坂界隈でも前代未聞のことだった。

「彼女のために赤坂のリキマンション（インペリアル赤坂フォーラム）最上階のペントハウスを買った。２億円くらいかな。でも女を囲うというのじゃないな、彼女はそれからも芸者としてお座敷に出ていたし、僕以外にも大物政治家のタニマチがいた。拘束もしていなかったし、生活の面倒も見ていない。僕が寛げる場所を作ったという感じだった」

中江によって一人前の芸者になった彼女は、深紅のベンツで踊りの稽古に置屋まで通っていた。それを見た古参の姐さんの反感を買ったことで、国税に目を付けられることになる。すると三浦は中江を呼んで怒鳴りつけたという。

「ベンツを買ってやった？　このバカタレ！　お前は赤坂がどういうところか分かっていない。どの芸者にも政官界トップクラスの〝旦那〟が付いていて、ある芸者が自分の旦那に寝物語で、若いガキが派手に散財しているとチクった。だから国税局の中でも一番厳しい部署が動きだしてるんだ。女の妬み、嫉妬ほど怖いものはないぞ。ベンツなんて買ったら、チクられるに決まってるだろう」

慌てた中江は、三浦を介して田中角栄に国税局を抑えてもらえないか頼んだという。結果的にだが、投資ジャーナルに国税局の調査は入らなかった。後日、三浦に「角栄に挨拶しておけ」と言われて、部下に3000万円持たせて挨拶に出向かせたが、「君らみたいなガキの金は受け取れない」と突き返されたそうだ。

「『川崎』の大女将の贔屓筋は衆議院議長の船田中、若女将の贔屓は田中先生だった。誰かにその分を『川崎』で使えば田中先生も喜んでくれるだろうと言われて、前にもまして『川崎』に通うようになった。何せ座っただけで一人10万円、毎晩何人かで行ったら1000万円なんてすぐだよ。支払いは経理部が払っていたけど、最初は1000万円枠にしていたのが、それじゃ収まらないので毎月3000万くらいになってたね。まあ当時は金を儲けてたし、僕にはそれ以上にメリットがあったから」

若手経営者らとの「2001年の会」

関東電化の受け渡し不能事件による5億円の損失、その手っ取り早い穴埋め方法として始めた証券金融だったが、予想以上の資金が「投資ジャーナル」に集まったことで、中江は自信を取り戻す。それとともに、人脈の拡大にさらに熱を入れ始めた。

1983（昭和58）年頃のこと、中江は、新聞やテレビ、雑誌などマスコミが取り上げる、主に20代の若手経営者に関心を持つようになった。自分が関心を持った若手経営者に秘書を通じて連絡を入れ、食事に招待するアポを取り付けるのだ。

「僕自身22歳の時に事業資金300万円を借りようとしたら、金融機関がうるさいことばかり言うので、これじゃダメだ、もう自分で稼いだ方が早い、そう思った経験があったんだ。だから、若い経営者にそんなお金の苦労でせっかくの才能を潰してほしくなかったし、自分のお金でこれから上場できる企業の社長と友達になり、次代を担う若手べンチャー経営者を育てたいと思ったわけ」

今でこそスタートアップやベンチャーキャピタルは当たり前の存在だが、まだ最大手の野村証券でさえもそんな用語を使っていなかった頃のことだ。そして若手経営者との会食場所はほとんどが赤坂の料亭だったが、それには理由があった。

「上場会社の社長クラスでも料亭を接待に利用するのは簡単ではなかったし、結局はホテルの宴会場でパーティばかり。ホテルのレストランに招待しても代り映えしないし、僕の中ではそれじゃ面白くない。同世代の若手経営者を驚かせるには、一見の客お断りという格式ある一流料亭、若い連中が一度も行ったことのない場所じゃないとね。

そこに僕がサンダル履きで現れると、女将が玄関口まですっとんで来て挨拶し、お座敷に芸者を10人くらい呼んで遊ぶわけ。そんな様子を見せられたら、『何者だ、凄いやつだ』となるでしょ。そうやって相手の度肝を抜くわけ」

一流料亭の常連という演出だったが、効果は絶大だったという。中江は親交のできた若手ベンチャーの経営者の中からこれはと思う人材を選び、新高輪プリンスホテルで一番大きな宴会場・飛天の間に集め、盛大なパーティを開くことにした。

まだ資金力のない若手経営者が互いに親交を深め、経営者として共通認識を持ち、お互いの会社が増資をして株を持ち合うようにする。そうやって相互につながりを強め、会社の基盤を固め、最終目標として21世紀が始まる年の上場を目指す——この「2001年の会」は中江が考えだしたものだった。

「増資のための資金として、僕が10億円くらい出そうと思っていた。今の時代、ベンチャーキャピタルは当たり前だけど、僕はとうに具体的に実行していたんだ。僕が事件で潰されなかったら、結構面白い会社が幾つも育っていたと思うよ。いいところに目をつけていたんだが、2年で終わってしまったのは残念だった」

話題の経営者らとの縁

中江の眼にとまった若手経営者の中に、レコードレンタル事業を始めて「音楽業界の革命児」とマスコミで話題になっていた「黎紅堂（れいこうどう）」の大浦清一がいた。さっそく料亭「川崎」へ誘った。

「貸しレコードなんてやったらレコードを買わない客が増え、レコードの売上げが減ってしまう。音楽業界から猛反発されるに決まっている、全レコード会社を敵に回して袋叩きになるぞ、凄いことを始めたな、とにかく会ってみたいと思ったんだ」

年齢も2歳下でほぼ同世代、社会慣習に風穴を開けるような発想をする大浦とはすぐに親しくなった。そしてそこからまた新たな人脈につながっていく。紹介された一人が佐川急便創業者である佐川清の長男・佐川正明だった。

「大浦さんが連れて行ってくれた京都の別邸には、京セラの稲盛和夫社長も来ていて、10分ほど話をする機会があった。その時、僕がVHS vs.ベータ戦争で、関東電化のメタルテープ開発の話をすると、稲盛社長が『その話には興味があります、ぜひもっと聞きたい』と色々質問してきた。僕も知っている限りのことを話して、結局1時間近く話をしたかな。その時、稲盛社長が最後に発した一言は『わが社も進出するつもりです』だった。僕はそれを聞いて、セラミック部品メーカーの京セラがどうやって8ミリビデオに進出するのか、これはどこかのカメラメーカーを買収する腹積もりだな、そう思ったね。

それからしばらくしてカメラメーカーのヤシカの株が暴騰して、稲盛さんが〝わが社も進出〟と言っていたのはこのことだったのか、とピンときた（その後、京セラはヤシカを吸収合併)。さすがに大企業のトップ、会社の重要戦略を軽々しく洩らさなかったけど、彼らの言葉には様々なヒントが含まれている。それを読み取れるかどうかだね」

佐川正明という新たな人脈を得た中江はある時、親しい仲間だけが集まる祇園の秘密サロンに愛人の宗千代を連れて参加した。その時、たこ焼きを手に挨拶してきたのが、「テンポラリーセンター」(当時、現パソナ)の南部靖之だったという。

「僕が28歳、南部さんが30歳だったかな。宗千代のことを褒めてくれて、話が盛り上がってすぐに親しくなった。当時からテンポラリーセンターは実質的に南部さんが動かしていたけど、まだ若いということで父親が代表、彼が専務という立場だったと思う。僕とは気が合ったし、実によく仕事をする男だなと感心していた。彼とはよく一緒に飲んだし、それからも色々な場面で随分と助けてもらったよ」

同じ時期、自ら会ってみたいと思い、積極的にアプローチしたのが「ソフトバンク」の孫正義だった。時代の先を読む積極果敢な経営スタイルで、すでにメディアで注目のベンチャー経営者だった。招待したのはもちろん料亭「川崎」である。

「初めて会った時の孫さんは、ソフトバンクを立ち上げたばかりでコンピュータソフトを売っていたけど、あの頃は全然お金がなかったね。自分が開発した翻訳機がシャープに2000万円で売れて少し助かったと話していたな。でも25歳と若いのに、話の内容が理路整然としているのと、一つ一つの話について頭の回転がすごく速かった。これから大きな仕事をしていくにちがいないと感じたね。

その後、ニューオータニで開いた『月刊投資家』6周年パーティにも来てくれたんだけど、クロークの存在を知らずにコートを着たまま会場に入ってきてね、僕が孫さんを連れてクロークにコートを預けた。そんなことがあったなあ」

中江が若手ベンチャー経営者に提案したのは、2001年までを目標に会社上場を目指そうということであり、短期間で終わったとはいえ「2001年の会」に連なる経営者や企業は孫のソフトバンクや南部のパソナの他、佐々木ベジのフリージアグループなどもある。単なる料亭での夢物語ではなかったということだろう。

各界に広がる人脈、多彩な交流

お金と情報の集まるところには人も集まるのが世の習いだが、〝風雲児〟の呼び名が示す通り、相場以外ではいたって天真爛漫な中江の周りには、気がつけば様々な著名人との交遊が広がっていた。以下、ざっと見ていこう。

プロ野球界の重鎮だった金田正一とは丸国証券の役員を介して知り合い、常連だった銀座のクラブ「サード・フロアー」で酒席をともにするようになったという。

「僕を見つけると嬉しそうに席を移動してきて、一緒に飲んでたね。そうなると支払いは僕になるんだけど、400勝投手という偉大なプロ野球人なのに、気さくで楽しい人だったな。金田さんは投資ジャーナルの会員ではなかったから、お金を預かったことはなくて、あくまで個人的な付き合いだった。株のこともしつこく聞かれたけど、適当にはぐらかしてた。僕は金田さんに限らず、個人的に人に銘柄を勧めるような話は一切しなかったからね。

それと一度、『お嬢が会いたいと言っているが、どうする?』と言われて、誰のことだかわからなかったんだけど、『お嬢』とは美空ひばりさんのことだった。芸能界の大御所と呼ばれる女王みたいな人、さすがに怯んで丁重にお断りしたけど、会っておけばよかったと惜しい気持ちもあるよ」

中江と親交のあった中には外食ビジネスの大成功者もいた。ハンバーガーを日本に定着させた日本マクドナルド創業者の藤田田には、様々なアドバイスを受けたという。藤田は「投資ジャーナル」の会員で幹部に担当を任せていたが、中江に直接会いたいといってきてから月1回ほどの割合で会うようになったという。藤田が行きつけの料亭に中江を誘うこともあれば、中江が「川崎」に招くこともあった。

「藤田社長は僕に株のことを聞きたがっていたけど、何せ相手はカリスマ経営者だから控えめに話していた。『中江君の相場観はすごいな』と言われた時は正直うれしかったね。最初に会った時に藤田さんの著書『ユダヤの商法』を読んで目覚めました、とおべっかを言ったのを覚えてる」

藤田からは様々なことを教えてもらったそうだが、今も忘れられないことがある。

「わが社では年に1~2回、マスコミ対策で関係者を招待してパーティを開いている。後で配る土産も用意して、マスコミとの関係をうまくコントロールしているんだ。君にはそういう発想が足りない。経営者として、世間に対して自分の会社をどのように守っていくかを考えなさい、一度うちのパーティに来てみたらいい」

そう藤田に諭されたという。

「残念ながら行く機会はなかったけど、今思うと、藤田社長の教えを生かせなかったから、その後マスコミの袋叩きに遭ってしまったんだよね」

もっとも相手の地位がどうあれ、中江には相場師として信念のようなものがあった。一度、藤田から「投資ジャーナル」で10億円くらい株投資をしてみようか、と言われたが、きっぱり断ったというのだ。

「僕は、実業家に株投資を教えるのはダメだという信念がある。実業家が株で儲けることを覚えてしまうと、儲けを手に入れるなら株のほうが早いと知ってしまうのね。実業家というのは日々の1円、2円の積み重ねで儲けているわけで、株で何百億も入ってきたりすると勘違いする。株に関心が向いて、本来の1円、2円の心が消えていってしまう。だから実業家に株投資を教えてはいけない。たとえ藤田社長であっても10億円は断り、株も勧めなかった」

奄美出身で、医療界の改革を唱え、その後は政治家となった徳田虎雄とも親交があったという。今では国内最大の民間医療グループ・徳洲会を創り上げた立志伝中の人物で、政界スポンサーとして特異な活躍をしたことでも知られる。

1983（昭和58）年暮れに行われた衆院選で奄美群島区に初出馬した徳田は、現職の保岡興治（自民）との間で熾烈な選挙戦を展開、約1000票という僅差で徳田が落選する。島中に現金が飛び交う激しい金権選挙は、「保徳選挙」として語り草になった。

「徳田さんは『川崎』で会った後も話し足らないのか、僕と一緒に宗千代のマンションに毎日のようにやってきては、初めて選挙に出て、徳之島を真っ二つにして大喧嘩をやらかした末に負けた。その悔しさを繰り返し愚痴ってたね。小さな島なんだから、そんなに喧嘩しないで仲良くやればいいじゃないって慰めていた。株についての相談事も多かったけど、個人的に株を勧める気はなかったから、適当に相槌を打ってごまかしていたけどね」

戦後政財界の黒幕、フィクサーなどと呼ばれる一方、社会奉仕活動にも熱心だった日本船舶振興会の笹川良一会長とも意外な交流があった。

「僕からアプローチしたわけじゃなかったけど、笹川会長から会いたいと言われたのが最初。それからは、ちょっと来てくれ、と呼び出されると船舶振興会のビルにある会長室を訪ねるの。でも特に話があるわけでもなくて、いつもとりとめのない雑談をするだけなんだ。相場のことで忙しいのに、いいから遊びに来い、と週に二度も三度も呼び出されたな」

中江の手配でユリ・ゲラーが来日した際には、笹川会長の希望で、ユリを連れて一緒に食事をすることになった。場所は、船舶振興会のレストランにあった会長専用の特別室。笹川会長はユリに、「沈没船ナヒモフ号のことだが、あの船の金塊はどこにあるのか」などと聞いていたそうだ。

食事の最中、ユリがいきなり太いナイフをつかんで笹川会長の目の前に突き出した。するとナイフをこすりもしていないのに、柄の根元からポキンと折れてしまった。あたかもハンダが溶け落ちるかのようだったという。

「刃が落ちた時の、笹川会長の顔が一瞬固まって、いったい何が起きたんだ？　という驚きの表情が忘れられないよ。ユリに『何で折れたんだ？』と聞くと、『分子が離れて違う世界に飛んでいったから』だってさ。何を言っているのか理解できなかったね。『スプーンだけでなく、テレビでも今のナイフを折るのをやればいいじゃないか』というと、『テレビでは精神が集中できないからダメだ』と言ってたね」

バラ撒かれるカネ、狂いだす収支勘定

中江の名が政財界に広く知られるきっかけは、やがては〝オヤジ〟と呼ぶまでに慕ったテレビ朝日専務の三浦甲子二の存在だった。三浦を介して毎晩のように政財界人の会合に呼び出され、名が知られるようになっていく。先述のように、最初こそ「農協遊びの若造」と怒鳴られたが、互いにさっぱりした性格でよく気が合ったという。

中江がいつものように「川崎」で自分の客を接待している。そこへ三浦から「すぐ来い」と呼び出しがかかり、指示された店に行くと、たいてい政治家や官僚、財界人らの会合が終わった直後で、その場で中江を紹介してくれたという。

「オヤジには毎日のように色々な会合に呼んでもらったな。田中先生のいる会合の時もあったし、当時の政党幹部のほとんどと顔を合わせているはず。それまで自民党の副幹事長という人が何人もいるとは知らなかったよ」

ある時呼び出された席に、交友関係の広さで「財界幹事長」と呼ばれた今里広記・経

済同友会終身幹事がいた。ヨレヨレの背広に長髪、髭面は中江のトレードマークみたいなものだったが、今里には「髭を剃れ、髭を生やしているやつは信用できない、詐欺師だと角栄が言っているぞ」と言われたこともあった。

1982（昭和57）年、鈴木善幸の突然の退陣を受けて、中曾根が総理の座に就く。「直角内閣」「田中曾根内閣」と揶揄された田中の影響力が強い政権に追い討ちをかけるように83年10月、田中に実刑判決が下された。判決直後の12月の総選挙で自民党は敗北を喫し、中曾根は新自由クラブとの連立でかろうじて政権を維持したが、84年10月の総裁任期満了に伴う中曾根再選をめぐって、田中派と反田中派の駆け引きが活発化していった。

「あの頃、オヤジが色々な会合に顔を出していたのは、親しかった田中先生のために他の派閥の政治家の動きを探っていたのかもしれないな。オヤジはテレ朝近くの金谷マンションに自分の部屋を持っていたから、赤坂の会合後は毎日のように僕の車で送って行った。それからオヤジの部屋で話すことも少なくなかったけど、表社会の裏の部分をよく知っていて、清濁併せ呑む人だったよね」

そんな状況下で、中江はある有名な予言者を日本に招待した。もともと超能力というものに興味があったこともあり、ユリ・ゲラーに次いで来日させたのが、ケネディ暗殺予言で有名になった予言者ジーン・ディクソン女史だった。表向きは日本テレビの番組出演だったが、滞在諸経費はまたも中江が出していた。

来日に際しては、赤坂の料亭「佳境亭」で青年会議所の経営者を集めて食事会が開かれた。その会に出席していた三浦が、ジーンに「中曾根政権はどうなりますか?」と聞くと、彼女は「案外、長く続きます」と返答。それを聞いた三浦は喜び勇んで田中に電話で伝え、「中曾根は続くと言っている、すぐに彼女を会わせるから」と言って、その場からジーンを連れて行ってしまったそうだ。

「オヤジや田中先生は中曾根を続投させるかどうか思案していた時だったから、予言者の言葉がよほど嬉しかったんだろうね。実際、続投でそれから中曾根政権は5年続いたから、彼女の予言通りになったわけだ」

永田町に中江の名が知られるようになった頃、中江は名刺代わりに500万円をくれるらしいという噂が広がっていた。それはほぼ事実だったという。

「オヤジに紹介された政治家に金を差し出すことはなかったし、そんなことしたら怒られるよ。むしろオヤジとは関係のない、若手政治家がよく来るようになったね。

兜町の事務所に訪ねてくると、その場で500万円を渡した。現金で渡すと、みんな驚いて目を剝くのが面白かったんだ。ホテルのレストランで会うこともあったし、封筒に入れて渡したり、目の前で札束を並べてみせたりもした。当時はそんな金ぐらい、相場で100万株を買い増せばいい、どうってことないことだったんだ。

訪ねてくる理由は、選挙に出るのでご支援よろしくお願いします、というのが多かった。色々な政治家が挨拶に来たけど、事件になってからは誰からも何の連絡もない。政治家なんてろくなもんじゃない、つくづくそう思ったよ」

そうやって名刺代わりに配った総額は「10億円はある」というから、累計200人くらいの政治家に配っていたことになる。そうした名刺代わりの札束から、遊興までを含めた中江の資金力を支えた「10倍融資」、そのスタートからの約2年間が「投資ジャーナル」にとってのピークだったことになる。

「何度でも言うけど、10倍融資の金融業は〝白に近い黒〟、証取法違反になる前に止めようと何度も思ってはいたのにズルズルいってしまい、止められなかった。

あの頃はいつもその日の儲けを見て、どんぶり勘定で計算していた。ところが、客の預かり金と儲け分をざっと計算してみると、預かり金すべてを返金しても5億くらいのプラスと見ていたのが、経理の報告を見ると儲けがやけに少ない。悪くてもプラマイゼロになってないといけないのに、預かり金より10億ほどもマイナスになっているので、プラスにするまで止められないと思っていた。おかしいなと思ったんだ。実は幹部連中がちょろまかして抜いてたんだよ」

会員は増え続け、資金もふんだんに集まってはいたが、中江自身が終始、内心ではビクビクものだったことは先に述べた通りだ。

「会員が3万人はいて、金融業を始めてからは毎月2億円の宣伝費をかけて広告もバンバン打っていた。心の中では半分危ないと思いながら、政治家とつながっておけば当局の動きを抑えられるだろうと思っていた。だけど逆だったよ。政治家とつながっていたから余計に大きな事件になってしまった……」

相場の読みにかけてはプロでも、前途の暗転まで見通すことはできなかったのだ。

第4章　転落、投資ジャーナル事件

カリスマ相場師・加藤暠

中江が東京に進出した当時、兜町にはカリスマ的な相場師がいた。ヂーゼル機器、岡本理研ゴム、西華産業、カルピス、ラサ工業など次々と派手な仕手戦を手掛けた加藤暠（あきら）である。

高校3年時に結核に罹り3年半の療養生活を送り、同世代より遅れて社会に出た。早大卒業後に岡三証券に入社したが半年足らずで辞め、いくつかの職業を転々として5年後に再び証券界に復帰、黒川木徳（くろかわきとく）証券の外務員として活動していた。

「加藤さんとは東京に出てきて間もない頃に出会っていて、付き合いはかなり古かった。知り合いの証券外務員が、加藤さんが僕に会いたがっている、と言うので会ったのが最初かな。当時まだ黒川木徳証券の外務員だったけど、すでに兜町では〝加藤が絡んだ相場〟というだけで注目され、多くの投資家が提灯を付けるようになっていた。提灯というのは、仕手筋の手口にみんなが売り買いにわっと乗ってきて、大きな相場になっていくことだね。僕と加藤さんの相場観はまったく違ったけど、加藤の相場は株価が跳ね上がると兜町、投資家のあいだで見られていたのは事実だった」

加藤は1978年に「誠備」を設立、翌年に業務内容に株式運用のコンサルタント業を加えた投資家集団「誠備投資顧問室」となる。その会員を中心に構成された誠備グループが、1979年暮れから宮地鉄工所株の仕手戦を仕掛けた。

この有名な仕手戦は翌年夏まで繰り広げられ、200円だった株価は2950円まで急騰。誠備グループが、企業経営者、資産家、政治家、裏社会の大物など約800人から資金を集め、当時の四大証券（野村、日興、大和、山一）に宣戦布告した戦いといわれている。

当時の株式市場は四大証券による寡占構造になっており、まず四大証券が手掛ける銘柄を上客に買わせ、株価がある程度値上がりしたところで、個人投資家に推奨銘柄として薦め、そこで上客が儲けて個人投資家が損をしてしまう。そうしたシナリオが日常的に繰り返されていた。

加藤は、個人投資家をないがしろにする四大証券の手法に対して、「個人投資家中心の株式市場に変える」という趣旨の発言を機会あるごとに繰り返していた。そのため、四大証券の推奨銘柄で損をした個人投資家たちの支持を集め、加藤を信奉する投資家が急増、「誠備投資顧問室」の会員数は最盛期には４０００人といわれ、運用資金量は総額１０００億円とも見られていた。

鑑みるに、戦後の日本が高度経済成長を成し遂げる原動力となったのは、「護送船団方式」と呼ばれる金融機関への国の行政指導であり、銀行は間接金融によって企業への潤沢な資金供給を一手に担っていた。

これに対して証券界は、１９５０年代後半から60年にかけて「銀行よ、さようなら、証券よ、こんにちは」というキャッチコピーを掲げて直接金融を積極的にアピール。野村、日興、大和、山一証券の四大証券が一般投資家に株式を大量販売するようになり、投資信託の普及も加わって、証券市場は大衆の身近なものとして急成長していった。

証券市場において四大証券の影響力が浸透した１９７０年代、金利の自由化による現先市場で余裕資金を運用する企業が増えていた。従来は、株の発行や増資、社債などで資金調達できるのは一部大企業に限られていたが、この頃になると、多くの企業が銀行融資に頼らず自社の増資、新株発行などで資金を得る直接金融が活発になっていた。

企業の資金運用で重要度が増した証券市場は四大証券を中心とする寡占構造であり、大手証券にとっては生保や銀行などの機関投資家や事業法人の資金運用が大口顧客で、一般の個人投資家は重要視されなくなっていた。そうした大衆投資家の不満をうまく利用し、自らの仕手戦に活用したのが加藤だった。

加藤が次々手掛ける仕手相場に注目が集まっていた1980年4月、奇妙な一件があった。トラック運転手の大貫久男さんが東京・銀座の道路脇のガードレールに置かれた風呂敷を見つけて警察に届けると、中から出てきたのは1億円の現金。結局、落とし主は現れなかったが、「誰も名乗り出なかったのは加藤の仕手戦に絡んだ、表に出せない金だから」だと兜町ではもっぱらの噂だった。

さらにこの当時、加藤や中江に大きな影響を与えた人物がいた。「最後の相場師」と呼ばれた是川銀蔵である。是川は、加藤が率いる「誠備グループ」が資金繰りに行き詰まったと見ると、株価のつり上げを狙った複数の「誠備銘柄」に空売りをかけ、仕手戦に挑んだ。その結果、「誠備グループ」が崩れる原因となった。

是川翁がなぜ「誠備」潰しに一役買ったか、その考えを自らの自叙伝で明らかにしている。是川の著書『相場師一代』（小学館）から引用する。

「私の六十数年の投資人生で出合った人間の中で、最も嫌いな人間は正義感のない人間だ。人に迷惑をかけても自分さえ儲かればいいという人物は大嫌いである。（中略）誠備グループは、値打ちのないのを初めから知りながら値をつり上げ、空売りに誘い込んで買い占め、高値取引を相手に迫るという悪質な手口を続けていた。（中略）私は、善良な市民を騙してカネを吸い上げるだけ吸い上げて、あとは奈落の底へ引きずり込み、そして自分の懐だけを肥やす、こんな人物達は、社会からすぐに葬り去るべきだ、と真剣に思った」

そして「大勢の人を犠牲にし、自分だけが利益をせしめるなんてことが許されるわけがないのだ。株式投資でも常に、正々堂々勝負することが鉄則なのである」と、相場師としての矜持を記している。

加藤の「誠備」との仕手戦に勝利した是川は1981年9月頃、菱刈鉱山で高品位金鉱脈が発見されたという報道に着目、住友金属鉱山の株価がまだ240円台だった時から一貫して買い進め、翌年3月に株価が1000円台を突破するまで買い上げていった。84歳の老相場師は引き際も見事で、株価が1000円台に乗せたところで、さらなる上値を追うこともなく買い集めた1500万株を順次売り抜け、大きな利益を手にした。1983年5月に発表された1982年度の高額納税者番付で、是川は28億9000万円の所得でトップの座についている。

2006年に廃止された高額納税者公示制度は、かつて「長者番付」として世間によく知られていた。毎年5月頃、前年度の高額納税者が公示されると、マスコミはその背景や素顔を紹介したものだった。大企業のオーナーや実業家など常連たちの顔ぶれを抑えて、相場師の是川が日本一になったことは当時驚きをもって受けとめられた。

中江が加藤に比べ、是川を話題にすることはなかったが、後述するように、相場に向き合う是川の姿勢には自分に重なるものを感じていたにちがいない。

権力側に潰される過程

兜町で強烈な存在感を放った加藤だが、「株式市場の健全育成」を建前に掲げる当時の大蔵省、東京証券取引所、大手証券会社にとっては看過できない、排除すべき存在だった。こうした証券界の意図がどこまで働いたかは判然としないが、1981年2月、加藤は東京地検特捜部によって所得税法違反（脱税）容疑で逮捕され、誠備グループは崩壊する。

捜査当局の狙いは、「誠備投資顧問室」に群がった大物政治家、経済人、暴力団関係者、著名スポーツ選手や芸能人らを洗いざらい加藤から引き出し、金脈を明らかにすることだった。しかし、加藤は一貫して否認を続け、「たとえ自分が有罪になっても、顧客の名前は明かせない」と頑(かたく)なに拒み続けた。

振り返ってみると、加藤逮捕から半年後に「投資ジャーナル」では関東電化の受け渡し不能事件が起こり、5億円の痛手を負っている。この時に中江の頭をよぎったのは加藤が権力側に潰される過程をつぶさに見てきて、次は自分ではないか？　という恐怖感ではなかったか。だからこそ、5億円の損失の穴埋めを焦り、翌年には不安を抱えながらも見切り発車で「10倍融資」の金融業に突き進んでいったと思われてならない。

そうした中江の不安を一気に吹き飛ばし、勢いを与えることになったのが、先に述べた1983（昭和58）年夏の青木建設の相場での大成功だった。

「あの相場では株価を6倍まで押し上げたことで投資家の注目が集まり、一気に客が増えた。投資ジャーナルだけで中堅証券と同規模の600万株動かしていたからね」

同じ頃、所得税法違反で逮捕された加藤が2年半ぶりに保釈される。それを知った中江は加藤に連絡を入れたという。

「加藤さんが拘置所から出てきた時、今の僕は（仕事が）上手くいっているのでお金を差し上げたい、どうぞ受け取りに事務所まで来てください、と連絡したんだ。兜町の事務所で渡した1億円は僕が勝手に決めた額で、いつかその金を返すとかいう話は一切しなかった。加藤さんは『ありがとうございます』と丁寧に礼を言ってくれたよ。

1億円渡そうと思ったのは、加藤さんは証券界に多大な影響を与えてきた人だし、尊敬もしていたから。僕とは相場の考え方が全然違うので、一緒に相場をやったことはなかったけど、これでまた立ち直ってください、という気持ちが強かった。

それから赤坂の料亭や銀座のクラブにも連れて行って、今後の加藤さんの飲み食いは全部僕に付けるようにと伝えた。その加藤さんからは、『投資ジャーナル事件』で僕が出所した時に３０００万円を頂いたよ」

いずれも伝説の相場師であり、司直の手に落ちた者同士、かつての仁義を振り返りながらも「相場の考え方が違う」と繰り返すのはどういうことなのか。こうした話をする時、中江にはある種の信念が感じられた。

「僕の相場は、ロマンを買っている。身近な生活、仕事の中でこうなればいいな、という夢がヒントになって、将来に実現化して業績が伸びそうな会社を探し出してやってきただけ。自分で何が何でも相場を作ろうという気はまったくないんだ。でも加藤さんはまず株価が安くて、資本金の小さい小型株で、浮動株も少ない会社を選んで自分から相場を作る。だから結局は崩れてしまうけど、僕は相場を相場として見ているから大ケガすることはない。

自分で株価を動かそうと思ったら加藤さんと同じになってしまうし、加藤さんは相場の最後には自分の玉を自分の味方にぶつけてしまうんだ。僕に言わせると、それは相場師ではない、売上げ本位の営業マンのやることだよ。加藤さんみたいに株価をどんどん釣り上げていったら高値で買った投資家が困るでしょう?

投資家が困るようなことを僕はしたくないし、やらない。加藤さんにはそういう相場の哲学がないから、本州製紙の時も300円だったのを4000円まで買い上げたし、それから兼松日産農林の仕手戦でも数百円を5300円まで釣り上げていった。大衆投資家のことを考えてやらないとダメなのに無茶苦茶だよね」

中江に言わせると「誠備グループ」という投資家の会も、「『22会(ニィニィ)』の真似をしただけ」だという。中江はツーバイツーを始めた頃から大口資産家だけを集めた投資家の集まり「22会」を作っていた。加藤の「誠備投資顧問室」に特別な会員を集めるという手法は、そもそも自分が先に始めたことではないかというのだ。

中江は相場観の違う加藤とは距離を置き、後追いもしなかった。それぞれ兜町で別の道を歩んでいたわけだが、加藤の動きに対する社会の視線には強い警戒心を持つようになっていた。結果的に、捜査当局の動きは目前に迫っていたのだが――。

取材中、中江は「宗千代のベンツ騒ぎの時に脱税で摘発されていたら、詐欺で逮捕されることもなかったよ。なまじ自分に力があったばかりに国税の捜査を止めてしまったからなあ……」、ため息まじりにぽつんと洩らした。いずれにせよ、証券界にとって加藤が看過できない存在だったように、中江も目障り（めざわ）な一人になりつつあったのだろう。

当時の経済状況はバブルが始まる直前で、日本の証券市場はまだ現在のようなグローバル市場ではなかった。昨今のように外国人投資家やヘッジファンドの動きがマスコミで騒がれることもなく、産油国のオイルダラー流入が話題になる程度だった。

四大証券による大口顧客を中心とした管理相場で重要視されなかった個人投資家が抱く不満の代弁者として宮地鉄工の仕手戦で四大証券に挑んでいた加藤が追放された後、個人投資家は中江にその役割を求めていた。証券界の一部には誠備事件で冷え込んだ市場に大衆投資家を呼び戻す役者として中江を歓迎する向きもあったものの、四大証券の幹部は中江の評判を苦々しく思って見ていたようだ。

そして１９８３年の暮れも押しせまった頃、中江のもとに重大な情報がもたらされた。

「野村、日興の幹部らと当局関係者が北陸の温泉地に集まって、投資ジャーナル潰しの画策が話し合われた」というものだった。

しばらくして野村証券が中江の絡んだ株の取引を停止、投資ジャーナル潰しはどうも本当らしい、という不穏な空気が漂い始める。『FOCUS』が中江のことを報じた(「はじめに」参照)のも、この情報をつかんだからだ。

一時のデマで終わるのか、あるいは風向きが大きく変わるのか、どちらに転んでも中江は持っていた関東電化株を早めに金に換えておくことに決めた。まず暮れから株価を上げていき、年明け2月に2090円の最高値で、持っていた500万株全部を売って金に換えた。

ガサ入れ、そして逃避行

1984(昭和59)年2月、関東電化株は暴落し始める。3月3日の1320円でようやく下げ止まったが、証券各社も中江銘柄の取り扱いを自粛し始め、「投資ジャーナル」を取り巻く状況は急速に様相を変えていく。

この3月末、新高輪プリンスで１０００人規模の「２００1年の会」の盛大なパーティを開催することが決まっていた。政・官・財界からスポーツ界までの錚々たる面々に「２００1年の会」の若手経営者を交じえ、人脈作りと今後に活用してもらう狙いだった。ところがパーティ前日、夕刊紙が中江をバッシングする記事を掲載。当日にマスコミが大挙して押しかけてきてパーティが台無しになると考えた中江は出席を断念せざるを得なかった。

「直前になってマスコミの動きを察した田中六助・自民党幹事長がビビって出席を断ってきて、ともに中曾根内閣を支える三浦のオヤジが『お前も大した男じゃねえな』と電話口で文句を言ってくれたのが痛快だったね。笹川会長も出席を断ってきたけど、挨拶をお願いしていた新日鉄の武田（豊）社長は『引き受けた限りは出席します』と来てくれた。これが最後の『２００1年の会』になってしまった」

関東電化株の暴落を機に、兜町では「投資ジャーナルに強制捜査が入る」、「中江が逮捕される」という噂が飛び交っていた。それまで友好的に取引してきた証券各社も「投資ジャーナル」との関わりを自主規制し始め、「投資ジャーナルの口座は扱えない」「担保として株券を預けてくれ」などと要求してきた。関東電化株の暴落で生じた担保不足のため、日本スピンドル製造、東京鉄鋼、保土谷化学工業など他の中江銘柄も軒並み動きがとれなくなっていった。

それ以前は約2万人の会員から1日で2億円近い入金があったのが、暴落後には7000万円前後に急減。会員からの投資の資金や株券返却要求が相次ぎ、社員たちは客の出金、出券の対応に追われていた。

さらに4月に入ると週刊誌などに中江を取り上げる記事が出始め、投資ジャーナル社周辺にもマスコミ関係者が現れるようになった。5月には投資ジャーナル社長の加藤文昭が暴力団関係者に拉致されて暴行を受けるという事件が起きた。8月になると中江の動静をマークするマスコミの数が増え、周囲はキナ臭さを増していく。

「行く先々に記者の姿が目立ってきて、NHKはじめテレビ各局、朝日や読売など新聞社に雑誌社とみんな一斉にやって来た。ああ、これが三浦のオヤジが言っていた〝基礎資料〟かと思ったよ。犯人が逮捕された時に出る逮捕前の容疑者の映像やコメントを以前は不思議に思ってたけど、捜査当局とマスコミは一体なんだよね」

三浦に「マスコミが動いているのは警察から情報が流れているに違いない。(逮捕は)近いかもしれない」と言われた中江は、いったん東京を離れて様子を見ることにした。向かった先は熊本・阿蘇にある黒川温泉だった。

マスコミの監視を逃れ温泉地に身を寄せた中江は、状況の推移を確認するため、連日必死で電話をかけまくった。やがて、中江がマスコミと警察関係者に張っていたアンテナの一つから、警視庁が近々逮捕状を請求するという情報が入る。それを受けて、もう後がないと考えた中江は、再び三浦に連絡をとった。

「オヤジなら警察の動きを抑えてくれるかもしれない、そう思っていたけど、『角(田中)が動くなと言っているから、俺は動けない、無理だ』という。次に、うちのパーティにも来てくれた警視庁の幹部に電話したら、『君、今さら迷惑だ』って。こうなれば残るは笹川会長しかいない。すがる思いで会長に連絡すると、『すでにキップ(令状)が出ていたら、動きは止められない。ただ、ガサ入れ(家宅捜索)を延ばすようには働きかけてみる』ということだった」

周囲に相談した結果、もはや誰の手でも捜査自体は止められないと知った中江は、

「ガサが入る前に、表に出たらまずい政治家や有力投資家の金を返却し、騒ぎが沈静化するまでしばらく日本を離れては」という三浦のアドバイスに従うことにした。

海外へ脱出するために再び東京に戻り、8月16日夕方、久しぶりに出社した中江は直ちに幹部らを呼び寄せ、社内の書類をシュレッダーにかけて処分、重要顧客の書類を隠匿するように指示した。

翌日は取るものも取り敢えず中江と投資ジャーナル社長の加藤と、その愛人の赤坂芸者の3人で大阪国際空港から出国。日本を脱出してからようやく一息ついたのは台湾の温泉地だった。そこで数日間を過ごしたという。

「警察のガサが近いとは薄々感じていたけど、僕への容疑は証取法違反で、免許がないのに客の株を売買したり証券融資をしていたという経済犯だから、いきなり逮捕はないと聞いていた。当局が家宅捜索をして資料を押収し、それを分析して被害額や犯罪事実を確定して逮捕するまでまだ時間がかかると見ていたから、半ば観光気分だったね」

中江の一行は台湾からフィリピンに移動し、マニラの高級ホテルに泊まった。そこへ社員に当面の衣類とお金を届けさせた。しかし、ホテル滞在中の8月24日、ついに警視庁の捜査が投資ジャーナル社に入ったことを知らされる。

その日の各紙夕刊は投資ジャーナル社に警視庁の家宅捜索が入ったことを一面トップで一斉に報じた。捜査容疑は証券取引法違反だった。

「『兜町の風雲児』の異名をとる中江滋樹氏（三〇）がオーナーの投資顧問会社『投資ジャーナル』（東京中央区）が『会員になれば億万長者になれる』などと派手なキャッチフレーズで大衆投資家から三百億円を集め、無免許で株の売買や仲介をしていた疑いが強まり、警視庁生活課は二十四日午前、同社と系列証券金融会社の計十八カ所を証券取引法違反（無免許営業）容疑で家宅捜索、帳簿類など証拠品多数を押収した。同課は容疑が固まり次第、中江氏を取り調べる方針を固めており、捜査の進展によっては第二の『誠備』事件に発展する可能性もある」（毎日新聞）

捜査の一報を聞いて、さすがに精神的にがっくりきたと中江は言う。

「これで会社も終わりだ、次は自分が逮捕されるのか、そう思いながら、潜伏先としてヨーロッパを目指すことにした。ビザがなくても隣の国々と往来ができて長期間滞在できるからね。ただ、すでに警察が容疑者として国際手配をしていると思っていたから、まず入国審査が厳しくないといわれたシンガポールに飛び、チケットから追跡されてしまう飛行機を避けて、タクシーで陸路マレーシアのクアラルンプールに向かったんだ。タクシーで移動中、自分が大事件を起こしてしまったと思ったら、この先の不安に襲われ急に息が苦しくなって、きゅっと胃が締め付けられて何度も何度も吐いた。この時が精神的にも肉体的にもどん底で一番苦しかったね……」

ヨーロッパ潜伏、そして帰国

クアラルンプールからローマへ、そこからさらにトーマス・クック時刻表を手に列車でパリに向かった中江は、市内の最高級ホテル・リッツに宿を定めた。

「移動中はドン底状態だったけど、堕ちるだけ堕ちて頭の中が空っぽになったせいか、ローマに着く頃には開き直って逮捕への覚悟が決まり、精神的には落ち着いていた。捜査の状況については会社の部下、マスコミや警察関係者の情報源から国際電話で聞いていたし、当局から要請があればいつでも日本に帰国するつもりだった。顧問弁護士が捜査本部とやりとりをしていて、まだ戻らなくていいというからヨーロッパに居続けただけだよ」

国際電話だけで多額の金がかかり、担保に入れていた株券を現金に換えた1億円は、証券金融の社長にパリまで持ってきてもらったという。しかし、ホテル・リッツでは同部屋の連泊ができず落ち着かないため、かねて知り合いだった大手市中金融アイチの森下安道が所有する別荘のシャトーに居場所を移した。

当時『FOCUS』は、「中江はフランス逃亡滞在中、この森下の別荘（シャトー）に計2カ月間ひそんでいたのだ。この別荘の敷地は約1万坪。（中略）中江は〝ムッシュー・ユメ〟と称し（〝夢〟はテレビ朝日の故・三浦甲子二専務が中江につけた綽名だ）」、「東京からムッシュー・モリシタもやって来て、ムッシュー・ユメとよく近くのゴルフ場に出かけていった」とゴルフに興じた優雅な様子を報じている（1985年9月20日号）。

ところが実際には、様々な理由で請求書を突き付けられたこともあり、別荘は1カ月くらいで出ることになったと中江は言う。

その後、中江はウィーンにアパートメントを借り、ここを拠点に帰国するまで約半年を過ごす。

「マスコミの連中は僕が逃げ回ってヨーロッパを転々としていると思っていたようだけど、フランスからウィーンに移って部屋を借り、帰国するまでずっと住んでいたんだ。先のことを考えると、不安ばかりで気が滅入って落ち込んでしまうし、いくら考えたところでどうしようもない。そんな時は気晴らしに地中海やエーゲ海の観光名所に出かけたこともあった。繰り返すけど、すでに腹をくっていたからいつでも日本に戻って出頭するつもりでいたし、決して逃げ回っていたわけじゃないよ」

ヨーロッパでは途中から妻も同行していた。当時、中江には幼い子供が5人おり、彼らの将来のためにまとまった預金を残しておくため、妻の友人の手助けでスイスの銀行に口座を開設、約5000万円を預けたという。管理は妻に任せたが、子供たちが自分で引き出せるようにしておくよう伝えておいた。

そして翌年、1985（昭和60）年4月27日、中江はゴールデンウィークが始まり、旅行客であふれかえる成田空港の人混みに紛れてヨーロッパから帰国した。

年が明けた頃から顧問弁護士を通じて自ら出頭する意思を警察当局には伝えてあったが、とくに返事はなかった。そんな中、3月になって片腕である投資ジャーナル社長・

加藤が出頭すると言い出したことが、帰国を決意するタイミングになった。

「加藤が出頭すれば注目が彼に集まり、警察の監視も手薄になるだろうし、連休の人混みに紛れればマスコミに見つからず、騒ぎにならずにすむと思ったんだ」

帰途はウィーンからシンガポールを経由して日本へ。マスコミに気づかれないように搭乗手続きの際、NAKAEのNを崩して書いて、Mに見えるように（MAKAE）細工した。シンガポールまで一緒だった妻は一足先に出発し、中江は少し遅れて到着した。

「入国審査ではさすがにドキドキしたけどね。でも逮捕状が出たわけでもないし、指名手配もされていないから止められることもなく、すんなり入国できたよ」

当時、成田の入国審査はまだコンピュータで管理されておらず、入国したかどうかは手作業で照合しないと分からなかった。そのため警察当局から顧問弁護士に、「中江さん、日本に帰ってますね」と確認の電話があったのは2週間ほども経ってからだったという。

中江はいったん滋賀の実家に戻り、両親にまとまったお金を託すことにした。その後は東京に戻ってマスコミに嗅ぎつかれるとうるさいと思い、熊本の友人の世話で九州を転々として身を隠して過ごした。

ゴールデンウィークが終わった頃、中江はその友人から三浦の訃報を知らされる。心筋梗塞だった。何かと頼りにしてきた「オヤジ」の死は窮地の中江にダメを押した。

「体調を崩しているとはウィーンでも聞いていたけど、亡くなるほど悪いとは思ってなかったから、ほんとうにショックだったよ」

せめて最後のお別れをしたいと思った中江は、大急ぎで東京・調布の三浦邸に駆けつけた。通夜には中曾根首相をはじめ大勢の著名人が来ていたが、そこに割って入る気にはなれなかった。すると参列者たちが帰った後、三浦夫人が「今は家族だけですから、中江さんには会ってほしいと主人も願っています」と招き入れてくれたという。

「被(かぶ)せてある白布を外してもらい、最期のお別れをさせてもらった。鼻に詰め物がされていてね、それを今も鮮明に覚えてる。帰国したタイミングは、何かがオヤジと僕を引き合わせてくれたんだと思うよ」

豊田商事事件で一転、逮捕収監

前年の夏に証取法違反容疑で「投資ジャーナル」が家宅捜索されて以来、約8カ月間に及んだ逃避行。帰国した中江を待っていたのは、警視庁防犯部生活課（現・生活安全部）の刑事だった。中江は自分への容疑は、客から金を預かって株の売買、仲介を無免許で営業したことによる証取法違反と考えていたが、そうではなかった。

5月半ば、顧問弁護士のもとに警視庁の捜査本部から、帰国の確認と併せて「近々に話が聞きたいので、任意で来てもらえないか」と要請があった。

6月4日、担当刑事二人と対面。以降この二人と行動をともにすることになる。

「『客を騙して株投資をさせたことを認めるか？』と刑事に聞かれたので、無免許営業をした証取法違反は認めるが、客を騙すような詐欺行為は何もしていない、と答えた。すると刑事が『詐欺を認めないなら話を聞いても無駄ですね、将棋でも指しますか』って言うんだ。だからその後2週間、見張り役を兼ねた刑事二人と関東近郊の温泉旅館を2～3日おきに泊まり歩いて、刑事と将棋を指して時間を潰していた。途中の伊香保温泉で妻と子供二人が合流し、逮捕されるまで一緒だったんだよ」

ところが6月18日、そんなのんびりムードの取調べを一変させる事件が起きた。当時、

「投資ジャーナル」同様にマスコミや世間の関心を集めていた豊田商事の詐欺事件。高齢者をターゲットに金地金の投資をうたい、2000億円を騙し取った首謀者・永野一男が集まっていた大勢のマスコミの目前で暴漢に刺し殺されたのだ。

これに慌てた警視庁生活課は翌19日に急転直下、中江逮捕へと突き進む。中江以下「投資ジャーナル」幹部を詐欺容疑で逮捕。中江は妻子と一緒に熱海のホテルニューアカオに宿泊しているところで任意同行を求められ、そのまま警視庁内で逮捕された。

「朝7時に刑事が来て、逮捕とも言われないまま妻ともども連れて行かれた。豊田商事の永野が衆人環視の中で殺されるという警察の大失態を目の当たりにして、警視庁は中江の身はきちんと守っていたことをアピールしたかったわけだよ。

警視庁本部に連行された時、マスコミが100人以上も集まっていて、何だ、どうして逮捕されるのを知っているんだ、やはり警察と一体なんだなと思って、もう覚悟も決まっていたからマスコミに向かって笑ってやったの。そしたら週刊誌には不敵な含み笑いと書かれたよ。警察とつるんでるマスコミの連中を冷笑したんだけどね」

同日付の夕刊各紙では、中江逮捕の一報が大々的に報じられた。

「投資顧問会社『投資ジャーナル』グループが無免許で株の売買、取り次ぎをしていた事件で、警視庁捜査本部は十九日午後零時四十分、中江ら幹部十一人を詐欺容疑で逮捕した。『投資ジャーナル』は、組織ぐるみの〝詐欺商法〟で全国の一般投資家約一万人から六百億円以上を集めており、捜査本部はだましのテクニック、集金マシーンの実態、金の使途などを厳しく追及する。捜査の進展によっては、政、財界、証券会社までも巻き込んだ史上最大の詐欺事件に発展するものとみられる」（毎日新聞）

逮捕された中江は警視庁本部の独居房に勾留され、翌日に検察庁に詐欺容疑で送検される。1988（昭和63）年3月に保釈されるまで、2年10カ月に及ぶ長い収監生活の始まりである。勾留被疑者は番号で呼ばれ、中江は69番だった。

取り調べが始まった当初のこと、一度だけだが、刑事に熱いお茶の入った紙コップを投げつけられたことがあったという。

「留置場にいた最初の頃は証取法違反での逮捕だと思っていたが、取り調べの刑事に容疑は詐欺だと告げられた。でも、僕は詐欺はやっていないとずっと否認し続けた。

壁越しに隣の房の被疑者とよく話をしていて、住吉連合の暴力団関係者だった。そいつが、『(勾留の終わりが)遠くなってるわけじゃない、一日ずつ減っていくんだから悲観しちゃダメだ、希望持ちな』とか励ましてくれてね、僕は『取り調べでは何もしゃべらない、絶対しゃべるもんか』と話していた。

その様子を担当官がチェックしていて、逐一報告していたんだな。上司が取調担当の刑事を『お前ら、ナメられてるぞ、もっと厳しくやれ』と怒鳴りつけたんで、刑事は厳しく取り調べている振りをして、紙コップを投げ付ける格好をしただけ。だって、はなから壁に向かって投げ付けて僕には一滴も掛からなかったからね。あれは、こんなに厳しくやってます、という上司へのアピールだね。

実際、刑事も詐欺についてはそれほど追及してこなかったし、僕も詐欺については一切の供述を拒否したから、供述調書が一行も書けなかったんだよ」

政界金脈を狙った地検特捜部

身柄送検されてからは、東京地検特捜部のY検事が取り調べを担当することになった。押収した資料から、政治家や財界人、スポーツ選手など著名人の名前がたくさん出てきて、政治家とのつながりが深いことが分かってきた。証取法違反では軽すぎるし、政治家絡みでは特捜部でないと捜査ができないということになったようだ。

「検察の会議で、この事件は詐欺容疑でやる方針だと決まった、それに従って捜査を進めるとY検事から言われた。僕が犯した違法行為は、『10倍融資』による証券類似行為の証取法違反だから罰則は最高刑で4年と思っていた。僕は最後まで詐欺になるとは思っていなかったよ」

Y検事の取り調べは、連日夜遅くまで続けられた。怒鳴ったり机を叩いたりといった恫喝めいたことはまったくなかったし、最後まで紳士的に接してきたという。

もっとも取り調べの渦中にあっても、中江の関心事はやはり株のこと。チャートブックを差し入れさせ、毎日チャートブックで相場の動きを考えていたそうだ。

「取調室にもチャートブックを持って行ったし、独房でチャートブックを見ていると、担当官が『お前はチャートブックを見ている時が一番穏やかな顔になるな』と言うから、『そうなんです、チャートブックだけは見たいんです』と答えたよ」

特捜部は、20日間の勾留期限となる7月10日、5億5000万円の詐欺容疑で中江を起訴。しかし、中江の妻と経理担当の女性社員は処分保留のまま釈放された。その裏には取調室での検事との取引があったという。

「特捜部の会議で、こういう内容の調書を取れ、と上から指示が出される。でも僕は調書のサインを拒否する。すると検事は、中江さんにサインしてもらわないと困るんだよ、と言ってくる。それなら妻と女性社員の二人を釈放するならサインしてもいい、と条件を出したわけ。その調書は詐欺とは関係ない、僕にはどうでもいい内容だったからね」

特捜部の最大の狙いは、投資ジャーナルを詐欺事件として立件する一方で、中江の人脈と金脈に連なる大物政治家や有名人を明らかにすることだった。

それには中江自身の供述が不可欠だったが、頑なな抵抗にあって供述を引き出せず、手を焼いていた。そのため中江は警視庁に留め置かれ続ける。

「特捜部としては、東京のど真ん中の桜田門で勾留したほうが検事もすぐ来られるし、小菅の拘置所に移すより時間がかからない。詐欺事件というのは、一つ一つの事案ごとに捜査と立証をすることになるから、一つ終わればまた次の事案へと勾留を延ばすことができる。便利なのはわかるけど、そのために4回も5回も再逮捕を繰り返されて僕もまいってしまった。さすがにひどすぎるというので弁護士が抗議してからは、やっと再逮捕がなくなったけどね」

結局、警視庁の留置場には逮捕以降、３カ月近くも勾留されていた。

地検特捜部が執拗に迫ったのは政治家とのつながりの解明だった。庁舎から近いせいもあってか、特捜部副部長まで取り調べに出てきたそうだ。「中江さん、領収書もここまで証拠が挙がっているんだ。認めてくれたら日本の政治がきれいになる。日本のために認めてくれ、日本の国を浄化するため、金を配った政治家の名前を吐け」、そう迫ってきたという。

「そもそも僕の詐欺事件なんて、たかが知れてるよ。検察は政治家の名前を何としても吐かせたかったんだね。でも全部拒否した。これが証拠だと目の前に書類を突き付けられても、知らん、覚えがない、見たことない、そう突っぱねた。

副部長の言うことは理解できるけど、それはそれ。僕は人間として自分の知らないことまで認めるわけにはいかない、そちらで調べて勝手にやるなら僕とは関係ないから構わないが、少なくとも僕は一言もしゃべらないからね、そう言うと向こうは、求刑を４

年減らしてやると揺さぶりをかけてきた。さすがに巧い言い方をすると思ったけど『紅白（歌合戦）が4回も見られるんだよ』だって。あの手この手で自白を引き出そうとしてきたね」

中江の頑なな抵抗にあいながらも、特捜部は7月27日に約5億円、さらに9月30日に約1億4000万円分を追起訴。最終的な詐欺の内容は被害者32人、詐取額約18億3000万円となった。

訴追対象が確定したことで、中江の身柄は小菅の東京拘置所に移され拘置所暮らしが始まる。拘置所に検事が取り調べに来ることはなかったそうだ。

ちょうど同じ頃、1985年9月、財政と貿易の「双子の赤字」を抱えたアメリカ経済を再建するためドル安への誘導を決めた「プラザ合意」が日米首脳の間で取り交わされた。それから2年後の1987年10月19日、ニューヨーク株式市場で「ブラックマンデー」と呼ばれる大暴落が起こり、世界同時株安へとつながっていく。

その中で、日本経済は大規模な金融緩和によっていち早く立ち直ったが、その後1991年2月に崩壊するまで、未曾有のバブル景気が到来する。中江の勾留を見はからうように証券市場はバブルへと突入していくのだ。

詐欺会社とは言わせない

「僕が詐欺を絶対に認めなかったのは、うちの会社で一生懸命働いてくれていた若い社員たちに、『詐欺の会社で働いていた』とは思わせたくなかったから。詐欺を認めさせようとする検察の追及をとことん突っぱねたせいで、3年近くも拘置所で暮らすことになってしまったけどね」

拘置所でも中江は独居房に収監された。味気ない会話でも、面会が唯一の楽しみだった。それ以外は弁護士との接見で、これから戦わなくてはならない裁判の打ち合わせである。ただ、100万円の現金を持って拘置所に入ったことで、差入れは比較的自由で、食べ物や本などは欲しいものがたいてい手に入るのが救いだったという。

「独居房では常に自分だけ、誰もいないし、誰とも会話のない世界が本当に辛く、長く感じた。冬になると蒲団のすそが凍って寒かったけど、慣れると何とか耐えられた」

入浴は週に2～3度。入浴のない日は、中庭を15分程度散歩することができた。

「ニワトリの散歩、と呼んでいたけど、ある時は死刑判決を下された死刑囚もいてね、目を落としてじっと草だけ見つめている。その姿にやり切れない思いを感じたよ。

時々社員や知り合いが面会に来てくれたけど、話せるのは5分か10分程度。本来面会時間は25分だけど、会話が途切れると『面会終わり』にされるのね。他愛もない世間話をしていても担当官に話を切られて終了にされてしまうから、連絡事項みたいな話をするだけになる。もちろん、株についての話はすぐに遮られてアウトだね」

退屈な時間をやり過ごすために出来ることは、ひたすら本を読むことだった。独房には毎朝、朝日と読売新聞が回ってきて10分間読むことができる。その間に広告の出ている本を片っ端からメモしていったという。

「ジャンルを問わず、目に留まった本なら文学でも哲学書でも何でもよかった。メモした書名を手紙や面会で伝えて差し入れてもらう。人間の生き方、人はどうあるべきかといった哲学的な本も興味があってたくさん読んだよ。もちろん、株のチャートブックから経済雑誌や業界誌まで全部目を通して、株式市場の動きも頭に入っていたよ」

「国策捜査」への恨み節

公判では、検察は総額584億円集めたうちの18億円を詐欺と認定。懲役12年を求刑したが、地裁での一審判決は8年。兜町を舞台にした戦後最大の事件。新聞には「風雲児」に対する以下のような厳しい批判があふれた。

財テク・ブームに乗じ、利殖を求める一般投資家を標的にした「投資ジャーナル事件」。八日朝、その統帥に厳しい実刑判決が下った。自らを「株の天才」と大言壮語し、「保証金の十倍まで融資する」などと五百八十四億円を集めた中江滋樹被告（三三）。東京地裁判決は、その商法を「あらゆるメディアを用いて、巧みに客をだました詐欺商法」ときめつけた。その瞬間、無念そうに唇をかみしめる中江被告。（中略）
中江被告は「北浜の若獅子（わかじし）」「兜町の風雲児」ともてはやされたころの貫録はうせたが、五十回に及ぶ公判で誇大妄想的な〝中江節〟は相変わらずだった。
昨年十月から六回にわたった被告人質問で、中江被告は「客は私の信者、弟子だった」とか、「捜査当局は株をわかっていない。認識不足もはなはだしい」と自信たっぷりの姿勢を崩さず、「警視庁の摘発情報を得たので、有力者を通じて警視庁高級官僚に捜査の取りやめを頼んだ」などの〝爆弾発言〟も。

しかし、判決は中江被告の強弁を「能力を過信した身勝手な理屈」と切り捨て、多くの部下については顧客同様「中江の自信、虚名に振り回され、踊らされていた」と執行猶予の〝温情〟をみせた。ただ一人拘置中の中江被告は、今も株式市況関係の本を読み、株への強い執着をみせているという。(『読売新聞』1987年9月8日付夕刊)

中江は一審判決を不服として東京高等裁判所に控訴。その二審判決では、一審判決が減軽された6年の判決を下された。

さらに最高裁判所へと上告したが、89年4月6日に棄却が決まり、懲役6年の実刑が確定する。わずか1年余りで再び囚われの身に戻ることになった。

起訴されてから終始一貫、詐欺については否認し続けた中江だったが、一連の強制捜査をどう見ていたのだろうか。あらためて聞いてみた。

「証券金融は投資ジャーナルだけがやっていたわけじゃない。兜町の証券金融はみんなやっていたよ。うちは10倍融資で700～800人から780億円を集め、ガサが入る1年前の1983年8月以降の客の分が起訴されたわけだけど、それ以前の客については780億円のうち600億円をちゃんと返している。ガサ入れで会社が潰れてしまったから最後まで残っていた客には損をかけることになったけど、ほとんどの客には損をかけていないんだよ」

裁判長は、豊田商事はお年寄りから老後の資金を奪ったが、投資ジャーナルはもともと金儲けを目的にした投機家の人たちから集めた金だった、豊田商事との悪質さの違いをそう指摘した。検察の12年の求刑が8年になり、二審判決では6年と半分になった。起訴された当時は被害者32人だったのが、途中で約半数が取り下げて十数人まで減っていたのである。

「事件の1年前（1984年）、野村や日興など大手証券の幹部が筋書を考えたんだよ。大きな流れで言えば、これから先、年金の運用に投資顧問が必要になる、投資顧問を作れば客の預かり資産を運用できるようになるが、それにはまず世論を喚起しなくてはならない。兜町の情報屋みたいな質の悪い投資顧問ではなく、自分たちのような信頼性の高い投資顧問を作らないといけない、とね。
要は、情報屋との色分けをしたかったんだ。そこで、兜町にごまんといる情報屋がどれほどうさん臭い輩か世間にアピールするには、ちょうど個人投資家の注目を集めて、夜な夜な赤坂や銀座で遊び回っている中江を潰せばいいとなった。やっぱり大手の投資顧問のほうが信頼できるという印象を与えて、さらに個人投資家も取り戻せる。一石二鳥だというので『投資ジャーナル』が狙われたわけだね」

そう絵解きをするのだ。事実、「投資ジャーナル」が摘発されてから、大手証券の投資顧問会社が設立され、歩調を合わせるように１９８６年に投資顧問業法が制定される。中江が「ツーバイツー」の時、いつか日本にも投資顧問業法ができるはずだと将来を見越していち早くヨーロッパへ社員に実地調査に行かせたことは前にふれたとおりだ。

「今となっては笑い話みたいだけどね、投資顧問業法の生みの親は僕なんだ。結果的に投資ジャーナルは消滅、自分で自分の首を絞めることになってしまったけど、投資ジャーナル事件は明らかに国策捜査だったよ……」

刑務所でもチャートブック

1988（昭和63）年3月9日、中江は2年10カ月ぶりに東京拘置所から保釈された。1億円の保釈金は、アイチの森下会長に預けていた3億円の中から出したという。

「裁判が終わって刑が確定したら今度は刑務所に入ることになるから、時間はあまりない。でも金はあったから毎日のように銀座で遊びまくってたね。銀座のクラブの気に入った女の子と付き合って、東京・稲城市のその子のマンションに通ってた」

大がかりな詐欺の疑いで世間を騒がせたばかりというのに、女性にはよくモテた。金があるだけでなく、酒好きで開けっぴろげ、陽気な性格もあるのだろう。

1989（平成元）年5月9日、拘置日数を差し引いた残りの4年3カ月の刑期に服するため、中江は滋賀刑務所に収監された。ここでもまた独居房だった。

「刑務作業の印刷工場では他の受刑者らと一緒だったので精神的には楽だが、肉体的には厳しかったね。拘置所では推定無罪だから人間としての尊厳があったけど、刑務所に入るとまず名前ではなく番号で呼ばれ、人間の尊厳が奪われる。拘置所では金があれば差し入れで温かい下着も色々欲しい品物が買えたけど、刑務所は差し入れがないのでいくら金があってもどうにもならない。冬がとにかく寒くて蒲団も凍って辛かった」

所内の工場では、刑務作業の割り振りを担当する検査工という立場で、中江に与えられた作業は、印刷工場で冊子、伝票、封筒、名刺などを作成するために和文タイプで文字を打ち込むことだったという。

「僕の立場は一応受刑者らのトップだったし、工場に本を持ちこんでも刑務官も黙認だったから作業を他の者に任せて本を読んでいた。親しくなった受刑者の一人が、『あんたの持ち分を代わりにやってやるから、本でも読んでいな』と言ってくれたり、『会長、経済面を読みたいんだろ』と先に新聞を譲ってくれたり、楽をさせてもらった。気分はどん底の刑務所で色々助けてもらい、気遣ってくれた受刑者には今も感謝しているよ」

滋賀刑務所は初犯や刑期の短い受刑者が中心で、ほとんどが1~2年で出所していく。中江のように3年以上の服役囚は少ないため自然と古株になった。気遣ってくれる受刑者をはじめ、後から服役した周りの受刑者が先に出所していくのを羨ましく思っていたという。面会は月1回だったが、実家が近いので家族、それから昔の社員、保釈中に一緒に暮らしていた銀座の女性も来てくれたそうだ。

「株のことは常に頭の中にあったし、拘置所でも刑務所でも毎日株式市況のチェックを怠らなかった。自分の才能をもってすれば、今まで以上の儲けを稼ぎ出す自信があったからね。必ず儲けて倍にして見返してやるんだ、ずっとそう思っていたよ」

刑務所暮らしの身ながら、相場に対する執念はまったく変わらず持ち続けていた。

第5章　汚れたカリスマ、再起への闘い

出所、そして渡米

1992（平成4）年10月1日、中江は満期を待たずに滋賀刑務所を仮出所する。時代はすでに昭和から平成に移り、バブルは崩壊。日本経済は「失われた20年」と呼ばれる長い低迷期の入り口に立っていた。

中江は刑務官から渡されたアルマーニのスーツに着替えて刑務所を出ると、待機していたロールスロイスに乗りこみ、近江八幡の実家に帰った。スーツと高級車はテンポラリーセンター（現パソナ）南部代表による粋な計らいだったという。

「出所したら好物のアワビの肝を食べたい、と家族には前もって手紙で伝えておいた。実家に戻り、まず両親の前に正座して、手をついて迷惑と心配をかけたことを謝った。両親には心から詫びないといけないとずっと思っていたからね。それから用意してくれ

ていたアワビ料理を食べた時、ああ自由になったんだと実感したね。あの時食べた飯のうまさと感触は今でも忘れられないよ……」

22歳で京都にツーバイツーを立ち上げて2年後に東京へ進出。それからは相場と放蕩と事件とで、息つくひまもない日々を送ってきた。これまで親孝行の一つもしていないし、3年くらいは実家でおとなしくして両親の世話でもしよう——中江はそう考えていたという。しかし、やがて身内や親戚からは何かと中江を批判する声も聞こえてきた。若い頃、自分の儲けで買った京都の家を飛び出した苦い思い出もふたたび頭をよぎる。

結局、1年もしないうちに中江は再び東京に舞い戻ることにした。40歳を目前にした1993年8月のことだった。

「残りの刑が満期になったタイミングで滋賀を出たんだけど、本当はもう少し時間をかけて相場をやる準備をすべきだった。今にして思うと、東京に来るのは早すぎたね」

裁判所の制約が解かれて晴れて自由の身となり、好きに旅行できるようになった中江がまず向かった先はアメリカだった。当時アメリカ在住で、中江の立場がどう変わろうとも一貫して変わらない友情を示してくれた南部代表に感謝を伝えたかったからだ。

ニューヨーク郊外の高級住宅街グリニッジにある南部の自宅や、カーネギーホールに近いペントハウスに1週間ぐらい泊まらせてもらったという。マスコミには南部との関係をうがって見る向きもあったが、中江は言下に否定する。

「週刊誌では、僕が隠し資産を預けているんじゃないかとか面白おかしく書いてたけど、彼にお金を預けたことは一切ないよ。お金をもらったことはあっても、僕がお金を出したことは一度もない。お互いに食事をおごったりすることはあっても、お金自体のやり取りはない。人間同士の付き合いで、僕には人生での大きな借りだけがある」

アメリカ各地を旅行後、中江はベトナムに立ち寄っている。

「ベトナムに日本語学校を作って日本との交流を図れば、将来的に面白いと思ってね」

90年代のベトナムは、社会主義体制から企業の民営化や私有財産の容認などドイモイ政策のもと、高度成長へ突入していく段階にあり、日本とも経済関係を深めていくようになる。

東京での再起と暴力団マネー

１９９４（平成6）年、再び東京に出てきた中江が事務所を構えたのは、麻布十番のアトラスビルだった。ビルを所有していたのは麻布建物。社長の渡辺喜太郎は東京・深川の生まれで東京大空襲で戦災孤児となり、丁稚奉公を経て輸入車販売の麻布自動車と不動産の麻布建物を立ち上げ、一時はフォーブス誌の長者番付6位に名を連ねた。バブル崩壊後に資産を失うが、その経営者人生はまさに波乱万丈である。

「麻布十番駅そばのジュールAという奇抜な外観のビルがあってね、事務所スペースの使い勝手が悪くてテナントが見つからなかった。それで渡辺さんに頼まれて南部さんのパソナ（93年に社名変更）が入居していた。そのつながりから僕と渡辺さんに縁ができて、僕の事務所も置かせてもらったわけ。渡辺さんは麻布周辺にいくつかビルを所有していたけど、なかなかテナントが見つからなくて苦労していたから、僕のつながりでテナントを紹介したりしていたんだ。

渡辺さんには可愛がってもらって食事にもよく行ったよ。でも麻布建物は、仕手グループ『光進』の小谷光浩が絡んだ小糸製作所の株買い占め事件（１９９1年）でおかしくなってしまい、最後は住む場所まで失うことになってしまったけどね」

都心に事務所を構えた中江を、周囲は黙って放っておかなかった。投資ジャーナル事件で社会的評判こそ地に落ちたが、一時は780億円を集めていた稀代の相場師だ。何より中江には、隠し資金として何カ所かに分けて預けておいた資金があった。それを投資の原資にして、相場師としての再起を考えていたのだ。

「出所後に使える金として10億円くらいあった。それを証券金融や知り合いに株や現金で預けていた。とりあえず自分の手元に2億ほどあって、すぐに必要があるわけでもなかったから預けたままにしておいた。ところが、いつの間にか勝手に処分されてしまって、ほとんど僕の手元に返ってこなかったんだ」

相場師として復権を期すどころか、肝心の資金が食い散らかされて無くなっていたというのだ。これが、やがて暴力団関係のアングラマネーに手を出すきっかけとなる。

「投資ジャーナル事件のような失敗は二度としたくなかったからね。まずは娑婆に慣れてからじっくりプランを練りあげ、自分の中で準備ができるまで相場を始めるのはダメだ、そう考えていたんだ。でも、周りが僕に早く仕事をさせたがっているのを日に日に感じるようになっていってね。

その一方で、事件で僕の名前は汚れてしまったから、以前みたいに大衆投資家を集めて相場をやることはできないと思った。何かで僕の名前が出て一般投資家を巻き込んでしまったらまた迷惑かけるからね。だから一般投資家を集めて相場をやることはできない、というか、やりたくなかった。

そこで僕の名前が出ても迷惑をかけることもない上に、まとまった資金がある相手となると、漠然と、暴力団関係が一番早いかなと……」

そうした心境を見透かしたように暴力団と中江をつないだのは、投資ジャーナル時代から親しい間柄で〝街金融のドン〟と呼ばれたアイチの森下会長（前出）だった。

「呼び出されて会長室に出向くと、先客二人が会長と談笑している。僕は二人とも初対面で、いきなり一人が投資ジャーナル時代の部下の名前を出して、ご存じですか？　と話しかけてきた。もう一人は外車販売会社のオーナーで、ソファに寝そべったままで挨拶もしないので、何だこの人？　と思った。まあ、印象としてはどこにでもいそうな人たちで話しぶりもソフトだったから、特に怖さはなかったけどね。そして再び森下会長に呼び出されて紹介されたのが山口組系の有力組長だった」

後日、彼らは何億かの現金が詰まった紙袋持参で麻布の事務所にやってきて、「好きなように使ってください」とだけ言って置いていったという。中江は後々、暴力団関係に12億円の借金があったと語っていたが、この時の紙袋に詰められていた額なのだろうか。しかし、かつてのように自らの手で大きな相場をやるだけの力はなかったようだ。

「僕が頼んだわけでも、借りたわけでもなかったけど、コロッと嵌まっちゃった。まだ相場はやる時期ではないと思ったから、すぐにはやらなかったんだけどね……」

1996（平成8）年頃、麻布十番から赤坂の安東ビルに事務所を移転したのも彼らの指示だったという。そこで中江が手掛けたのは、竹井博友・地産グループに買収された「ヒラボウ」、イトマン事件の許永中も絡んだ「コムソン」などいわくつきの企業の株を売り、精算することだった。

「彼らとの付き合いが始まって4年ほどして、ある企業の株を売るという話が舞い込んできた。それがヒラボウ株。地産グループが経営していたが、業績が悪くて株価が低迷しているので持ち株を全部売ってくれ、と頼まれて売っただけのこと。

彼らが用意した10億円で玉を引き受け、市場で全部売り抜ける。借りた10億で株を引き取って売り、10億を返してはまた借りて株を引き取って売る、ということを繰り返したわけ。累計で30～40億円を借りたから、結構な株数を処理した。

僕は金勘定をしないので経理の人を付けてくれるように頼んでいたんだけど、僕の計算ではその売り買いでざっと10億円は利益が上がっていたはずなのに、経理は儲かっていないと言うんだ。どう考えても利益を抜かれていたとしか思えないよ。

ともあれ出所してから初めての大きな仕事だった。でも相場をやったわけではなく、単に玉を引き取って売っただけのことだったね。

コムソン株の時にしても、会社が1回目の不渡りを出した時に、役員が何とかならないか、助けてほしいと頼んできたんだ。僕は、今なら転換社債を出せば売れるはずだと見込んで第三者割り当てで10～20億円を作り、それでコムソンを助けた。それ以降、転換社債を絡めた増資が盛んに使われるようになるんだけど、これも最初に考えたのは僕なんだ。その後の三井埠頭株もきっかけは同じで、役員に資金繰りを助けてくれと泣きつかれて、途中で話が壊れたけど、これまで通り僕が会社の株を引き取って場で売り逃げていればそれでよかった」

ヤハギ株の仕手戦

こうした中江の動きは一部マスコミでも報じられたが、中でも注目を集めたのが、1997（平成9）年暮れから翌年にかけての「ヤハギ」株の買い占め騒動である。ヒラボウやコムソンなどと同様、業績が低迷していたヤハギは一部上場会社で、900万株を所有する筆頭株主にパソナの南部がなっていた。そのため、中江が買い占めを主導して、ヤハギを介してパソナの裏上場を狙っているという見方をする向きもあった。

当時、マスコミではヤハギ株をめぐる騒動は次のように報じられている。

「昨年2月、南部氏は鉄鋼商社のヤハギ株を二三％取得し筆頭株主に躍り出た。『社内では幹部が反対したが、南部氏は中江氏に踊らされた』（関係者）という。中江氏とは、元投資ジャーナル代表の中江滋樹氏のことで、両人は若いころからの友人。投資ジャーナル事件で服役していた中江氏が仮釈放されたとき、南部氏がロールスロイスで出迎えたというのは有名な話だ。このヤハギは昨年9月に倒産、南部氏は最終的に二〇億円の損を出している」（『週刊東洋経済』1999年6月5日号）

実際、パソナが大阪証券取引所・ナスダック市場に上場を果たすのは３年後の２００１（平成13）年のことだ。ヤハギ株と上場を絡める見方にも頷ける点があったといえる。しかし、中江はこれについても一笑に付した。

「上場に絡んで僕みたいな汚れた人間の名前が出たら、それだけでダメでしょ。ありえない、そんなことで迷惑かけるわけにはいかないよ」

南部代表と組んで相場をしたことは一度もない、と否定するのだ。

「僕がヤハギのことを知ったのは、ヤハギの手形が出回っていて、この会社やばいなと思っていた時だった。知人に南部代表が大株主になっていることを聞かされて、ホントかよ、と調べてみた。そしたら事実、筆頭株主だった。

こんな会社の株を持ったらあかんがな、なんで僕に相談もしないでこんなリスクある会社の株に投資したのか、このままだと彼が大損することになると思った。だから僕が盾になって株を全部引き取って場で売ってしまおう、恩義ある友人を守らなければ、そういう気持ちで、持ち株を僕の知り合いの会社に売って下さいとお願いしたわけ」

あの投資ジャーナル事件の中江、という名前が出ればまたマスコミが騒ぐ。あることないこと色々書きたてられて、パソナの上場どころか会社の評判まで貶められてしまう。だから自分は表に出ずに知り合いの会社に買い取らせた、というのである。

この時も一度に900万株を買う資金はなかったため、まず買い取った株を市場で売り、その金でまた買い取ることを何度かに分けておこなった。ヤハギの株価を上げるため、親しい投資家にも協力してもらい、700万株くらいを処理したという。

「結果的に南部代表もいくらか損失を出したけど、大ケガまでしなくてすんだからね。僕のように汚れてしまった人間と、実業界で活躍している人が付き合うことは世間が許さないと思っている。でも彼は、『中ちゃん、周りの目なんか気にしなくていいよ』と食事に誘ってくれた。本当にありがたかったし、恩義ある人の窮地を救うのは当たり前のことだよ」

「出所後は相場を一度もやらなかった」と中江は度々語っていたが、実際に相場師として自ら仕手相場を演出することは一度もなかった。あえて裏に回ったり、知り合いを介して売り買いをしたりということがほとんどだ。

だから、「この6年間での主な仕事は、資金繰りに困った連中に金を貸し付けたり、業績が悪くてどうしようもない会社のオーナーや株主のために会社の株を整理してやったり、いわゆる「サルベージ」だったという。そして、その最後の仕事となるのが三井埠頭の手形乱発事件だった。

三井埠頭手形事件、再び海外逃亡

「三井埠頭」は、もともと三井物産の川崎港務所が独立して設立された倉庫業界の老舗企業で、当時は東証2部に上場していた。しかし、1992年に仕手グループによって株を買い占められ、太陽電気オーナーが社長に就任したことで三井グループから見限られ、業績が落ち込んでいた。

そして1996年11月、大型低温倉庫建設のために発行した18億円の社債をめぐるトラブルで経営難に拍車がかかる。その資金難とトラブル処理を任されていたのが、プロパーで金庫番役だったN常務で、1997年12月に知人を介して中江を頼ってきた。

この時、中江がとった資金調達策は、会社から手形を振り出し、その手形を中江の人脈を使って割り引いてもらうというものだった。その結果、三井埠頭が振り出した手形は計262枚、金額にして約160億円に上ったという。

しかし、1998年4月30日に3億4000万円の手形が不渡りになり、6月に会社は倒産。翌年、三井埠頭の前社長ら経営陣4人が神奈川県警に商法違反の特別背任容疑で逮捕される。問題だったのは、中江が、資金集めのために三井埠頭が振り出した手形に裏書き保証をして譲渡した先が暴力団の親分衆だったことだ。後年の記事では、次のように報じられている。

中江元会長は1980年代に投資ジャーナルを率いて個人投資家から集めた資金を元手に数々の仕手戦を手掛けた。集めた資金はおよそ580億円。しかし、その商法は詐欺に問われ、89年に懲役6年の実刑判決を受けた。それをきっかけに投資顧問業法が整備されたほど、当時大きな関心を集めた事件だった。

一般によく知られるのは、そこまでだ。が、92年10月に仮釈放された後も中江元会長は株の世界に生きた。東京・赤坂のビルに事務所を構え、不振企業を中心に相場を仕掛けた。中でも深く食い込んだのが三井埠頭だ。

相手を信じ込ませるため赤坂の料亭で開いた忘年会には国会議員の姿もあったとされる。が、金融顧問として入り込んだ中江元会長が実際に行ったのは手形の乱発。97年12月から翌年４月までに約２６０通・額面約１６０億円もの手形が振り出された。
三井埠頭が１回目の不渡りを出した98年４月30日午後、中江元会長は関係者の前からこつ然と姿を消した。２カ月後に同社は倒産、さらにヤハギ、コムソン社と「中江銘柄」の破綻が相次いだ。三井埠頭の元社長が逮捕されるなど、捜査当局の摘発も続いた。（中略）
手元の警察関係資料によれば、中江元会長は当時、山口組系暴力団から資金提供を受け、株式投資を指南していたとされる。そうした背後関係もあり、失踪後は「死亡説」が支配的だった。（「『逃亡者・中江滋樹』空白の８年と新事実」『週刊東洋経済』２００６年10月７日号）

どういう事情だったのか。中江の説明では以下のようなことだ。
「経理担当だったＮ常務が『手形を割って欲しい』と泣きついてくるから、手形の保証人になって割ってあげた。するとまたN常務が『手形が割れない』と言ってくる。仕方がないから次の手形を持ってくるように言って、また保証人になった。最初は『これだけの金が足りない』というからその分を助けてあげたら、どんどん泣きついてくる。気がついたら僕自身もすでに何億と突っ込んでいて、アリ地獄に嵌まったようになってしまった。譲渡した相手の親分衆と直接は会っていないけど、僕を信用して貸してやるというので借りていた。ところが、そのうち手形が落ちなくなって騒がしくなってきた。そこに暴力団の内紛も絡んで、借りてもいない他のヤクザまで僕のところに来るようになって煩わしいことになった。僕のほうが被害者だよ。

考えてもみてほしいよ、手形262枚で160億？　そんなの僕一人がやれるわけないよ。僕が裏書して保証人になった手形はせいぜい20枚くらい、6億円あるかないか。そもそも手形を振り出すのは三井埠頭であって、集めた金を使ったのも三井埠頭の関係者でしょう。僕の手元には一銭だってない。N常務が僕に嘘の説明をしていて、実際のところ会社の資金繰りはもう火の車だったんだ」

そんな騒ぎの中でのことだった。1998年4月に中江の父親が亡くなり、滋賀の実家で葬儀が営まれた。家の周りには黒塗りの高級車がずらりと並び、異様な光景だったという。会葬者の中には、三井埠頭事件にも合んだ（手形の裏書で億単位の損をしたと噂されていた）浜田幸一元代議士の姿もあった。

浜田とは1995年に知人の紹介で知り合った。すでに政界を引退してテレビのバラエティ番組などで活躍していた頃で、たまたま事務所が同じ赤坂にあったため、互いに行き来するようになったのだという。

「歯に衣着せぬ話しぶりが面白くて、政治家にありがちな横柄な態度もない。悪い印象はなかった。でも浜田先生は経済のことが全然分かっていなくて、昨日と今日でまったく違うことを言い出したりする。話がコロコロ変わって整合性がないから、浜田先生の紹介で仕事の相談に行っても全然取り合ってもらえなかったりして、結局は自分の信用を落とすこともあった。でもまあ政治家というのはそんなことが多いのよ。

浜田先生は恩義に厚い人で父親の葬儀にも来てくれて、人情としての借りはあると思っているけど、一緒に仕事をすることはなかったね」

ある日、中江が三井埠頭のN常務と親しいことを知った浜田が、「手形を割ってくれる関係者を紹介するから来てくれ」と言うので事務所に出向いた。すると紹介されたのは、以前からよく知っている、筋のよくない金融ブローカーだった。さすがに目の前では言わなかったが、後で「先生、あんなやつを相手にしていたら恥かきますよ」と忠告したことがあったという。

「浜田先生が三井埠頭の手形の裏書きをするなんて、僕から言わせればあり得ないこと。だって、政治家の名前では誰も金を貸してくれないからね。政治家の名前の裏書きなんて、逆にみんな不審がって身を引くから手形の価値が落ちる。政治家の裏書きは信用にならないどころか、金融の世界では政治家が絡むと割れなくなるのが常識。そんなことは三井埠頭のN常務もよく分かっていたはずだから、浜田先生に手形を渡すことなど絶対なかったと思うけどね」

そして三井埠頭の3億4000万円の手形が不渡りとなった1998年4月末日。この日を境に中江は世間から行方をくらます。消されたのではないかという噂もあったが、もはや逃げ出すしかないほど精神的に追い詰められていたのだという。

「不渡りを出した時点で、これはもうダメだと思った。僕を信用して、全国の親分衆が借用書も取らずに金を出してくれた。僕の保証でみんなが手形を引き受けてくれている以上、決済できなければその責任は僕がとらなければならないよね。

当時は、手形以外の諸々を含めて僕の借金は50億円あると聞かされていた。返済を待ってくれるという親分もいたけど、他の親分衆がそれを聞いたら、『じゃあ、うちの出した金を負担してくれ』と承諾してくれた親分へ押しかけて面倒なことになりかねない。僕を信用して貸してくれた一人一人に謝りに行かなければいけない、そう思ったんだけど、全国に散らばる十数人では人数も多過ぎて、直接謝りに行くこともできない。しかも組織は内紛状態だったから、収拾がつかずグチャグチャになりかねなかった」

中江がそこまで思い詰めたのは、1年前の8月に山口組ナンバー2の宅見勝若頭が内部抗争から射殺される事件が起こり、その影響がいまだ尾を引いている時だったからだ。中江自身が親分衆から追い回されたことはなかったが、一度だけ、父親の葬儀の数日後に赤坂の事務所から拉致されたことがあったという。

「その親分は僕に内紛の見通しを色々吹き込んでくるんだけど、もともと知識も興味もないのに、いきなりそんな話をされたら真に受けてしまうよね。要は、内部抗争の相手方を困らせることを狙っていたんだと思う。でも、このままだと自分まで暴力団の派閥抗争に巻き込まれてしまいそうで、これは危ないと思った」

今になって思い返しても苦しげな面持ちで中江が当時を振り返る。

何とか親分の一人でも二人にでも謝りに行けないものか、もう一度刑務所に行くことになったとしても仕方ないが何とか金を作れないか、親分とは一対一の信用で借りていたから紙切れ一枚で担保もない、期待に沿えないのは心から申しわけないと、死んでお詫びするしかないか……。

4月末からの数週間、東京近郊の温泉地に身をひそめて八方手を尽くして金策を試みたが、やはりうまくいかなかった。中江自身はこの時、殺される恐怖から真剣に自殺も考えていたという。日夜悩みに悩んでいた時、部下の一人が言った。「会長、ここまでやったんだからもういいじゃないですか、ここに1億円あります。これで海外に逃げてください」。

「二度と日本に帰れなくなるかもしれないが、こんなところにいたら自分の精神状態がもたない、もう逃げるしかない」、部下の一言で吹っ切れた中江は、変装用の付けヒゲを買い、急ぎ日本を逃げだした。それから約5年間、中江の消息は杳として知れず、マスコミの間では殺害説がまことしやかに囁かれることになる。ちなみに中江は、投資ジャーナル事件で囚われの身だった1980年代後半はバブル景気と目の前で擦れ違った。そして再び証券市場が沸き立ったＩＴバブル直前のこの時も、擦れ違いに終わっている。

8月、名古屋からハワイへ着いた中江はそこからロサンゼルス、オーランド、モントリオールなどを転々として再びロサンゼルスに戻り、ラスベガスに1年ほど滞在していたという。

「投資ジャーナル事件の時はヨーロッパに逃げて8カ月近く暮らしていたが、今度はアメリカで遊んで1億円を使い切ったら死のうかな、という気分だったね」

ハワイには1カ月ほどいてアメリカ西海岸、その後はカナダの東海岸へ。この海外生活の間、銀座のクラブで知り合った10歳年下の女性がずっと一緒だったという。女性には小学生の男の子がいて3人での暮らし。その子の教育のためにカナダのモントリオールにある留学生学校に通わせていたそうだ。

「モントリオールは寒くてかなわなかったけど、ヤクザに追われているという気持ちもなかったし、とくに転々と居所を変えていたという意識もなかったんだ。ただ、もう日本には帰れない、日本に帰ったら殺される、そう思ってたね」

当時はビザの期限がアメリカが3カ月、カナダが6カ月で、アメリカとカナダを行ったり来たりする生活だった。ラスベガスでは一戸建ての家を買い、子供を学校に通わせながら1年ほど暮らした。ゴールデンレトリーバーの愛犬・ミッキーを飼いだしたのもこの時だ。中江の人生の中ではごく短い、平穏な生活だったとも言える。

やがて子供のビザの問題からラスベガスの家を売却してカナダへ移ることに。日本に戻るまでの最後の2年間は、バンクーバー郊外のチリワックという町で暮らした。

「日本から逃げ出した頃は何度も自殺を考えたけれど、彼女と子供とミッキーのおかげで死ぬのを思い止まることができた。まだ生きていたい、とね」

「ようけ儲けさせてもらった」

捨てたはずの母国に5年ぶりに帰らざるを得なくなったのは、ビザが切れているのが発覚、強制送還だった。2003年12月、年が明けると中江は50歳になっていた。

日本に戻ってからは、いつ殺されるかと不安に怯える日々が再び戻ってきた。目立たないようにしなければという意識、金を返せず申しわけないという思い、金を借りたのは事実だから言い訳をするにしても一回返してからでないと筋が通らない……そんな落ち着かない気持ちの時に、ある人から思いがけない話を知らされる。

「最高幹部の親分が、『ようけ儲けさせてもらった、これからは静かに暮らせばいい』と言っている、と聞かされてね。50億円もの借金をどう返せばいいのか悩んできたのが、それを聞いて、もともと借金はなかったんだ、とはっと気づいた。

僕があずかり知らなかっただけで、実際のところは親分衆はちゃんと出した金の帳尻を合わせていて、結局、僕は操られていただけだった。考えてみたら、億単位で金を借りているのに、指も揃ってあるし、追い回されたことも、傷を負わされたこともまったくなかった。そもそも借金はしていなかったということだったんだね」

相場師・中江がアングラマネーの供給先として操られていたことに気づくのに、5年間という海外逃亡が必要だったのかもしれない。今はどう思っているのか。

「手形の借金に絡めて暴力団の内部抗争に巻き込まれたくなかったから海外に逃げ出し

たわけだけど、親分衆の関係者に聞かされていたことと実際は全然違っていた。50億円と言われた借金も今ならウソだったと思える。

でも、僕が人として間違っていたのは、金額はいくらでもいいんだけど、親分たちから金を借りたのは事実だったし、その金を返せていないことも事実その通り。だから、その金を持って謝りに行きたいし、そこでもし借金自体がマッチポンプだったというなら、僕に対してどう責任を取ってくれるのかと問いたいね。いつから僕に目を付けたのか、なぜ僕の人生を滅茶苦茶にしたのか、納得がいく説明が聞きたい。自分の人生を振り返って、ずっとそのことを考えているよ」

精神不安定から放火未遂

強制送還されて日本へ戻った中江は、故郷の近江八幡市で年老いた母親とカナダから連れてきた愛犬ミッキーと暮らし始めた。これといってすることもない日々の中、ミッキーとの散歩がせめてもの気分転換だったが、やがてそれがトラブルのタネとなる。

中江が言うには、幼なじみだった近所の商店の店主が犬を飼っていて、散歩中に擦れ違った際に店主の犬がミッキーに咬みついてきた。普段から、放し飼いにした飼い犬をミッキーにけしかけてくるなど嫌がらせをされていたのだとか。

もっとも前述した通り、帰国当時の中江が精神的に追い詰められていたことは疑いようがない。帰ってきて1年後ぐらいから、路上でいきなり「金返せ！」と叫び声を上げるなど奇行が目立つようになり、心配した母親が精神科に1カ月間入院をさせたこともあったという。

その母親が２００５年に亡くなり、中江一人になったところで店主との間でトラブルが起きた。犬のフンが入ったビニール袋を投げつけたり、「呪い殺すぞ」と口走ったり、店主の妻を傘で殴りつけるなど、中江の過激な行動は次第にエスカレートしていった。

そして２００６年9月22日、トラブルのきっかけはまたも犬だった。その後に店主の店先が火炎瓶のようなもので放火される事件が起こり、自転車で走り去る中江の姿が目撃された。警官が中江の家に行くと廊下や階段に灯油を撒いて、「マッチはどこだ！」と騒いだ。火をつける直前に警官に取り押さえられたが、自宅への放火未遂で逮捕されることになった。心神耗弱による放火未遂ということで起訴猶予処分にはなったものの、意味不明の言動はおさまらず、精神病院への措置入院が必要と判断された。

「頭はおかしくなってないし、鑑定入院では正常だと言われた。朝の散歩に出かけようとすると、奥さんが家の玄関でしゃがみ込んでずっと見ていたり犬をけしかけてきたり、何度もそんなことがあって、周りで変なことばかり起きるから疑心暗鬼になっていた。犬のフンを投げつけたのも火炎瓶も、ナメられてたまるかと思ったからで、自分の家で灯油を撒いても、マッチを擦っただけで火はつけていないもの」

精神異常ではなかった、悪いのは周りだと言い張る中江だったが、説得力には乏しかった。当時置かれていた状況を考えれば、精神的にも経済的にも、あらゆる面で行き詰まっていたと捉えるのが自然だろう。

「ミッキーのおかげで穏やかに過ごしていたのが、周りがちょっかいばかり出してきた。でもミッキーがいるから知り合いに会いに行こうにも家を空けられず、せいぜい京都に行くくらい。遠出はできず、外出時間も制約された。田舎で大人しくしていようと思っていたけど、煩わしいことばかりだった」

高校を卒業して32年、久しぶりに戻ってきた故郷だったが、地元住民との折り合いも悪く、どうしても馴染むことができなかった。相場と放蕩と国外逃亡をジェットコースターのごとく繰り返してきた中江にとっては無理もないことだろう。

結局、中江は２００７年に近江八幡の実家を処分して再び東京に舞い戻ってきた。

当初は元麻布にあるパソナの迎賓館、仁風林(にんぷうりん)に滞在していたそうだ。政治家や実業家、芸能人などセレブ御用達の接待施設として活用され、２０１４年に覚醒剤事件を起こしたミュージシャンＡＳＫＡも通っていたとして存在が知られるようになった。

「自由に使っていいと言われたので、しばらくいたんだ。それからミッキーと一緒に暮らせるところがないか相談したらすぐに調べてくれて、王子にある大型犬ＯＫのマンションに移ったんだけど、愛犬を連れて仁風林に通っていた。高級ワインが大量に保管されていてね、毎日飲んだくれてたよ」

その頃の中江には、南部の他にもまだ支援してくれる人がいた。「投資ジャーナル」時代から中江を会長と慕い続ける、かつての部下である。

「彼が神田淡路町で会員制の投資顧問をやっていて、僕も毎週50万円もらって相場レポートを書いて送っていた。僕のレポートを投資顧問を主宰する彼が書き直して、２万人ぐらいいた会員に配布していた。会員には、相場観がよく当たると評判よかったんだけど、２００９年に投資顧問を廃業してしまった。その前年に愛犬のミッキーが死んでしまい、投資顧問をやめて支援が打ち切られてからは、その世話で住んでいた本郷のマンションにもいられなくなって……」

それでも中江は捲土重来をまったく諦めたわけではなかった。相場を読みとる能力なら誰にも負けない、手元に1億でもあれば必ず復活できる、という強い気持ちは捨てていなかった。残された最後の頼みの綱は、唯一、自分の隠し金が残っているはずのアイチの森下を訪ねることだった。そして２０１２年、中江は16年ぶりに前出の森下に直接会い、頭を下げて残金を返してくれるよう求めたという。

「投資ジャーナル事件が起きた時に株券を預けていて、精算したら4億円になった。その中から1億円をヨーロッパへの逃避行に使い、そこから保釈金として1億６０００万円を出して、まだ1億４０００万円残っているはずだったんだ。ところが、返してくれるどころか『君から預かった金を、金利を取ってまた君に貸すようなことはしません』とか言われてね、全然応じてくれなかったよ」

この時、相場師として復活するという中江の願いはほぼ断ち切られたことになる。

「その後2012年に金町の木造アパートに引っ越したんだ。都内の北の端っこで、ちょっと歩けばもう千葉か埼玉、つまり都落ちだよね」

かつて数百億を動かした伝説の相場師が行き着いた先が小さなアパート暮らしとは、本心では落ちるところまで落ちたという口惜しさがあったにちがいない。

アパート2階奥の南向きの部屋は間取り1K。玄関右手にバスとトイレ、左にキッチン、6畳間の居間に西向きのベランダがあり、南側には大きな窓があった。

机上台にはデスクトップのパソコンが2台並び、モニターで日経225をはじめ世界中の株式、為替、地金、石油などの指数を日夜チェックして、相場動向を予測しているのだと語った。

儲けも損失も出ない代わりに、元手はもとより資金のあてもない、孤独な相場だ。

終章は、最期の時を迎えるまで、彼が語り遺したことを断章形式で綴る。

第6章　金と相場の魔力

お金は両刃の剣

僕の中ではお金についての考え方は時代とともに変わっていったね。

小学生の頃に買った株は、親から貰ったその金で大好きな映画がタダで見られる、しかもお金が減らないからいいや、そんな感じだった。

それが中学ぐらいから相場が楽しくなってきて、もっと株をやりたくなり、欲しい物を買うより株に投資する元金が欲しくなった。

高校生になると、その年齢では普通は手にすることができないほどの大金が手に入った。授業中も、窓際の一番後ろの席でラジオを持ち込んで短波放送の市況を聞くほど、株にのめり込んでいった。都合のいい席を確保するために級長に飯をおごって懐柔したりもした。この時、人を動かすお金の使い方を知ったのかもしれない。

24歳で「投資ジャーナル」を設立して社員を抱えるようになってからは、お金は身体に流れる血液と同じようなもので、社会で人を育てるための潤滑油だと思うようになった。「金の力」の意味も分からない、大学出たての学生気分の社員に10万円の価値を教え、金を稼ぐという資本主義の面白さを教えた。

僕自身は相場でいくらでもお金を手に入れることができたから、簡単なことだと思っていた。1日に動かす資金は10億円くらいで、2年間に40億円は儲けていた。検察庁の裁判資料によると、「投資ジャーナル」が集めた金は780億円、そのうち顧問料が500億円。1983年と1984年の2年間で27億円から28億円の儲けがあったことになっている。事件になって集めたうち600億円は客に返しているけどね。

僕にとって、株の口座の金、会社事業の金、生活の金はそれぞれ別ものだった。同じ1万円でも違うお金だから、京都で「ツーバイツー」を立ち上げた時も株の口座には1000万円以上あったけど、その金はないものと思って30万円で事業をスタートした。

株の口座の金と事業の金は別だから、事業は事業で少なくともプラスマイナスゼロにしなくてはいけない。そして、その事業の売り上げに応じた生活をしなければならないと思っていた。株で1億円儲けても、事業で収入がなければ生活の贅沢はしない。生活は事業の範囲内で、相場とは別だという考え方をずっと続けてきた。

1980年代の初めは事業でも儲けていた。当時は三浦友和と山口百恵夫妻と同じ高輪の高級マンションに住んで、妻には家賃50万円と駐車場代を含めて毎月500万円を渡していた。

赤坂や銀座で色々な人と遊ぶ際も、事業からの接待費として使っていた。今日はマックスでこの売り上げだからこれぐらいの金を持っていく、その範囲で遊んでいた。20代後半の頃は多い時で紙袋に5000万円を詰め込んで遊んでた。

もちろん、今になって思うと僕の金銭感覚は無茶苦茶だった。それでも、相場で儲けた金を回して遊ぶようなことは絶対にしていない。そんなことしたら、相場の神様に怒られるからね。

連日、高級料亭で二座敷に三座敷、さらには銀座のクラブをハシゴする、そんな金の使い方をする意味はいったい何だったのか?

お金があったからこその人生だったのも事実だし、反面、人生が狂ったのも事実。自分の人生を振り返って、お金があったからあれだけの経験もできたし、表社会、裏社会の人を含めて色々な人と知り合うことができた。それは人生を楽しく、豊かにしてくれたと思っている。

ただし、お金は両刃の剣だよ。僕の金にみんながたかってきた。芸能界でも金儲けの才能があるスターの取り巻きはみんなおかしくなる。周囲が寄ってたかってその〝金の生る木〟のスターから盗みとることしかしなくなるからね。親もきょうだいも妻までも、さらにはヤクザもみんな僕から金をむしり取っていったよ。

それでも、自分の力で何十億も稼いで、自分で全部使ってきたんだから何も後悔することはない。僕はいくら金があっても、土地やマンションを買う気はまったくなかった。物欲は一切ないんだ。そんなもの持ったら、それに囚われてしまうから。

僕は最後まで自由人でいたかったから、物のために縛られたくなかった。僕にとってお金は、自由人として本当の自分を貫くために必要なものだった。子供の頃と変わらない、天真爛漫な自由人でいられたのはお金のおかげ。少なくとも投資ジャーナル事件まではそうだったよ。

バブル、ＩＴバブル、リーマンショック

ほとんどの人が「投資ジャーナル」事件はバブル時代に起きたと誤解しているよね。でも「投資ジャーナル」が活動していたのはそれ以前の１９８０年代前半、バブルとはまったく無縁の時代だった。バブルの時代は、株を買えばアホでも儲かるようなわかりやすい相場だったけど、当時はいわば「迷いの時代」、相場の動きを読むのが厳しかったんだ。

この国の経済は、戦後復興からずっと地道にやってきた。自動車産業、家電産業、商社などが外貨を稼いできて、国を、国民を豊かにしていった。輸出で儲けてくれたから、国内の不動産業や金融業、電鉄会社も儲かった。右肩上がりで株式市場でも地道に儲けて、みんながちょっと裕福になった。

そこから財テクに走りだして土地が急騰し、さらに円高に対する金融緩和によって過剰流動性が生まれ、国際資本が流入してきた。それによって日本が戦後から地道にやってきた経済のタガが外れて、一挙に爆発してしまったんだ。

それまではモノづくりに励んで一生懸命に輸出していたのが、モノづくりがアホらしくなって土地を買って転がしたほうが儲かる。日本の歴史上初めて、国際的に見ても浮かれ切った財テクの時代、国民全体が成金主義に染まったのがバブル時代だった。

当時の僕は拘置所の中だったけど、拘置所内でもチャートをチェックしていたから、１万２０００円だった日経平均が２万５０００円台の２倍になるのを見ていたよ。だけど、僕自身はバブルを経験しなくてよかったと思う。１９８９年5月に滋賀刑務所に収監されて、その年12月末に３万８９１５円の最高値を付けていた日経平均が、年が明けるとともに急落して１月半ばに３万７０００円台、３月になると３万円を割るまでに暴落していた。

３万円まで下がった時、何か変だと思ったよ。これまでならこの辺りで下げ止まるはずなのに戻りが鈍い、今までならここで買いに入る筋があるのに、逆にズバッと売ってくる筋がある。そんな日経平均のチャートの動きを見ていて、自分が長年培ってきた常識が当てはまらない。今までの考えを捨てないといけない、そう思った。

僕の常識では「こう動くはずだ」と考えていたのにあまりに予想外の動きで、はじめは理解が追いつかなかった。色々と本を読んで先物という取引ができて外国人が売っていることは理解できたけど、それと同時にバブルがはじけたと思ったね。

＊

ＩＴバブル（１９９９〜２０００年）では、カード事業や不動産投資で儲けた金持ちたちが、新しい世界のＩＴ（インターネット関連）って何じゃいな、と頭では付いていけない代わりに株で付いていったわけ。だから株価が何倍にもなった。

この時の相場はすぐ終わってしまったけど、現在はＩＴの意味が変わってきたと僕は見ている。

今の世の中はＥＵのユーロがどうなるか、アメリカのドルがどうなるか、全体として不安な時代なんだ。だから、まずは衣食住の生活必需品を考える。１９２９年の世界恐慌ではまず電気だったのが、今は携帯電話や紙オムツなどが生活必需品という具合に、内容が少しずつ変わってきた。90年前にはなかった携帯電話が欠かせなくなって、ＩＴそのものが生活必需品になってしまっているんだ。

電気やガスが不況でもどんどん伸びてきたように、ＩＴも生活必需品になってどんどん伸びていく。携帯は通話料を払わなければいけないけど、以前ソフトバンクの孫さんは通話料無料の時代が来ると言っていた。

実際にネット電話やIP電話は無料になっているけど、さらにITが進化することで色々なサービスが生まれ、必需品としての重要度が増せば、孫社長が見通したように無料の時代が来るかもしれないと思うよ。

＊

リーマンショック（2008年9月）の時は資金もないから相場はできなかったけど、自宅で毎日チャートだけはチェックしていた。日経とヤフーとブルームバーグのニュースしか見ていなかったけど、東京市場の動きを見てゾクッとした時があったね。

2008年7月末、直感的にヤバイと感じた。バブルの時は日経平均が3万8000円を付けたけど、この時の日経平均はまだ1万3000円ぐらいだったのに、東京市場が史上最高の出来高になっていた。これはおかしい、と思ったんだ。

長年相場をやってきたから分かるんだけど、日経平均が暴騰しているわけでもなく、戻り相場だというのに大商いになっている。アメリカのサブプライム・ローンが危ないということを知っていた連中がバンバン売ってきたわけだね。

実際、その後に暴落が起きるんだけど、売るタイミングとして狙ってくるならお盆の頃だと見ていた。お盆はトップが休暇でいないから相場が下がるのを眺めているだけになる。だから狙うならお盆の手前、そう思っていたら案の定、その通りになった。

円高が進んで1ドル＝90円くらいになり、ファンドのやつらはまた売りたいから、その後で新聞に記事を書かせて理由付けをするんだ。金利引き上げの記事が出たら、ああ、これは債券の利回りを上げておいて債券を安く買いたい連中が動いているぞ、そうやってニュースの裏を読むわけね。

あのリーマンショック以降、アメリカは世界中にマーケットを作り、ネット上で動かせる環境にして、なおかつ銀行送金もできるようにしてしまった。そしてリーマンショック後のアメリカは、情報一つで1兆円を儲けるようになった。1兆円マーケットには世界中の株だけでなく、あらゆるマーケットが網羅されていて、国債の相場を動かせば動かすほどアメリカはいくらでも儲けることができるんだ。

（リーマンショックで米連邦破産法の適用を受けた）自動車産業のＧＭが、５００億ドルの公的資金注入によって再建、再上場したのは２０１０年11月だった。次は保険大手のＡＩＧの再建で、そのためにＡＩＡというアジアの子会社を約５４１０億円で売却してしまった。本来あれだけ安値で売ることはできないはずが、リーマンショックがあったからこそできた。

ＧＭみたいな大企業を一度潰して、政府が株を持って、もう一度上場させて何兆円と儲ける、それをアメリカの国自体がやっているわけ。政府がつぎ込んだ資金を回収するならアメリカ国民は怒らないし、そうやってＧＭもシティバンクも甦ってきた。

それを見て、相場が読める人なら「アメリカはまた同じことをやってくる」と読む。量が一定水準を超えると、質が劇的に変化する。ニュースを見ていると、量が一定水準を超えてきているから、次は質が変化するわけだ。僕みたいに身銭を切って自分のリスクとコストで生きてきた人間にしか、こういう読み方はできないかもしれない。

相場とは、投資とは何なのか

今の時代は、日本株の個別銘柄を一生懸命やっても、もう無理だね。日本から世界を見るのではなく、世界から日本を見る時代になっている。僕自身、為替や石油などの商品相場の先物からこの国を見ている。

2016年、アメリカ大統領選でトランプがヒラリー・クリントンに勝った時、「トランプ・ショック」で日経平均は1000円も下げたけど、その後は急騰して大相場になった。僕は長年ニューヨーク・ダウのチャートを記しているけど、11月7日に、めったに見ることのない「絶対カギ足」というチャートがきれいに現れている。（チャートを指さしながら）ここに「トランプ・エアポケット」とメモしていて、これは絶対に急騰する証なんだ。事実、トランプの大統領就任によって歴史に残る短期急騰相場が始まった。

でもね、さらに相場が上がるためには、どこかで一度は暴落がないとダメなんだ。それがいつ、アメリカなのかヨーロッパなのか、どこで起きるかは誰もわからない。暴落が起きたら一貫して「戻り売り」で攻めていける。

相場のコツは、勇気を持って売れるかどうか。上昇の場面で買うのは誰でもできるが、その場合も、まだ上がるだろうと我慢しないで売ること。売るタイミングを読まないと相場で勝つことはできない。

僕にすべてを任せてくれたら、絶対失敗しない、儲けることができるよ。とくに今の相場（2019年7月の取材時点）は、売りも買いもはっきりしている一番簡単な相場なの。それはいくら説明しても一般の人には分からないだろうけど、上がるも下がるも値動きがはっきりしている。

1億円もあれば倍々に儲ける自信があるね。目の前に1億円を持って来いと言っているわけじゃないよ。資金を出してくれる人の1億円の口座を借りるだけで、その人自身が損するわけではないからリスクはない。その人にとってリスクになるのは僕が損した時だけで、そんなの1億円の10分の1程度だね。

僕は1億円を損してその人の人生を狂わせてしまうなら、その口座を使おうとは思わない。人の人生を狂わせたくないから、1億くらい損しても生活に影響がない、支障がない人が出資してくれないとやりたくない。お年玉プレゼントで1億円をポンと出したＺＯＺＯの前澤友作社長（当時）のような人が資金を出してくれたら、僕も心置きなく勝負できるよ。

今の相場に理論武装は必要ないよ。余計なことを考えても儲からない。相場をやるためには、まずコンピュータに精通した専門家に世界中の市場の市況が見られるようにシステムを構築してもらい、商品市場、株式市場の先物の指数をネット取引でやる。世界中の国債、金、原油、半導体などの先物にヘッジをかけて売りも買いもやる。チャートを追えば動きは分かるからね。

僕が最近面白いと思って見ているのは、フィラデルフィアに上場している半導体指数の動きかな。半導体が余っているにもかかわらず、新高値を付けている。半導体はダメだといわれているのに何で？　ここが一番面白いところで、そこに儲けがある。理論が必要ないというのはまさにそこで、「何で？」というのは後で分かること。今すぐそれを分かる必要はないわけだよ。

投資の対象になるのは、先物市場、商品市場、ＦＸなどいくらでもあるけど、中でもＦＸは一番分かりやすいね。

買いも売りもどっちも儲かるから両建てでヘッジしないといけないが、円とドルだけではなくユーロや元もある、それらをこっちで買ってあっちで売るという複雑なヘッジをする。ドルと円だけ見ていてもわからないから、他の通貨も見ながら総合的に判断していく、そういった思想なんだね。見方はいくつもあってひと言で教えられないけど、50年間の相場の魂が入っている僕にはとてもわかりやすい。

投資には、哲学、戦略、戦術、実践があるんだよ。

例えば、年末に国債の先物が戻るな、と思っていたら2円か3円戻った。2円か3円戻っただけで何億の儲けになるか。そこで、手持ちの玉の半分か3分の1を売って投資コストを下げる。そうやって「負けなしの相場」にしていく。それが戦術と実践なのね。

これが相場の哲学で、なかなかできる人がいない。買いコストを下げておいてから考える。半分の売りは持っておいて、ドーンと下げた時に買い戻すかどうかを考えるわけ。その時の世界の指数を見ながら総合的に答えを出すわけだけど、引っ張るか、また買い直すかは相場によって考える。

僕は売りが得意というより、利食いが上手いんだ。投資ジャーナルの時も株の投資コストを下げておいて、後は引っ張る。僕のやり方は、高い株を買う、高きを買ってより高きを利食う、安きを売ってより安きを買い戻す、ということ。半分は残しておいて、下がったらその時にさらに下がるかどうかを考え直す。

僕には相場しかない。今は個別銘柄よりも、日経225などの指数の方がロットが大きいので面白い。今でも毎日欠かさず、パソコンで日経225、金、原油などのあらゆる商品相場の指数の動きからFXまでチェックしているよ。

今の相場は面白いよ。大きく下がったりしているから、戻りを売れば儲かるからね。相場に勝つには、売りを中心にしなければならない。ところがみんな売りをようやらん。僕に言わせれば、買いしかないやつはアホだよ。売りをできる人がいないね。

今すぐにでも勝負したいと気になっているのは半導体市場の動きで、日本の半導体メーカーは製造から撤退しているけど、世界的に見たらまだまだ需要がある。現実に半導体市場の指標が上がり続けて面白い動きなので注目している。僕に1億円でも勝負する資金があれば、チャートを読む判断力は間違っていないから、必ず倍以上の儲けを出す自信があるけどね。

僕には相場しかない

損をしないための相場の読み方？　日本曹洞宗の開祖道元は、「ただ座れ」と言ったよね。物理学者のアインシュタインは「結局は自分で実践するしかない」ということを言った。その意味するところは、自分で体験してみないと分からないということで、「ただ座れ」にしても、道元でさえどうすべきか分からないし誰にも分からない、と言っている。

だから自分で相場を体験するしかない。それが答え。

何をすれば相場で失敗しないか、とても言葉で説明できることじゃない。自分で体験してみることでしか答えは分からない。相場の読み方を教えたくないわけではなくて、教えたいけど、教えられないんだ。

言えることは、道元の「只管打坐（しかんたざ）」と、アインシュタインの「何かを学ぶためには、自分で体験する以上にいい方法はない」ということ。これが僕が相場に向かう心構えなんだ。

よく誤解されるんだけど、僕は株をギャンブルだと考えたことは一度もない。むしろ株にはロマンがあると思っている。

だからこそ株投資というのは、自分の金でやらないと相場に負けてしまう。

僕だって相場でどうするか迷うこともあるけど、人の金で迷うのと自分の金で迷うのとでは全然違うよ。最後は自分との戦いだから、人の金だと慎重になり萎縮してしまい上手く売り抜くことができない。そのためにも相場には決断の覚悟を決める自分の金が必要なんだ。

元をたどれば小学生の時の日活株の2万円が出発点だったけど、相場の怖さを小学校の時から頭に叩き込まれてきた僕ほど、怖がりの人間はいないと思うよ。

その覚悟で小学生の時からずっとやってきたんだから、チャートを読む力、相場を読む力は誰にも負けない。僕の読みは全部当たっている。1億でも2億でも、自由に使えるなら絶対に倍々にして儲けてみせる。僕には、相場しかないのよ――。

風雲の相場師――あとがきに代えて

自室から出火して焼死するという、本人にとっては思ってもみなかった不本意な最期だったのではないだろうか。

火災から2日後、私は雨の中を葛飾区南水元の現場に向かった。アパートの2階奥の部屋の窓枠はすっかり焼け落ち、真っ黒に煤(すす)けてしまった壁が火勢の凄まじさを物語っていた。205号室、無残な中江氏の部屋だ。

鎮火した居間の蒲団の上で、人相も判別できないほどに焼けただれた男性の遺体が発見される。遺体の損傷がひどく、警察が中江と特定するまで6日間を要した。

蒲団周辺の燃え方が激しかったことから、出火原因は寝タバコの不始末と見られる。彼はフォルテという銘柄を愛飲していた。失火の際、真っ先に消火活動をした住人が、中江の部屋から「助けて!」という声を聞いているが、事件性はないと判断された。

＊

私が最後に中江に会ったのは、火事の約1カ月前の2020年の1月16日のことだった。アパート近くの料理屋で、新年会を兼ねて二人で食事をとりながら2時間近くをともにした。

彼はこれまでと同様、トレーナーの上にハンティングベストを着用していた。10年前に初めて取材で会った時も、同じようにベストを着ていたが、ポケットがたくさんついているので携帯電話や部屋の鍵など小物を入れるのに便利なのだと語っていた。

数年前から右足の状態が悪く歩行に支障があったが、症状がさらに悪化した様子で、杖を突きながら少し足を引きずり気味にして歩くようになっていた。

南水元に移ってきた当初は、昔の部下や海外逃亡で6年間同行した女性も部屋に顔を出してくれていたそうだが、徐々に知り合いが訪ねてくる機会も減り、最近は一人でいる時間が多くなっていたようだ。

それだけに取材で会うと、実によく喋った。喋っていると次々に記憶が甦るのか、表情豊かに喋り続けた。人と会って話をすることが、ある意味でストレス発散になっていたのかもしれない。

その日、中江は開口一番、「正月から食欲がなくてね、何も食べてない」と言った。気が向いたら近所のコンビニ弁当や回転ずしのテイクアウトを買って食べている程度だという。それでも食事を終えた別れ際には、「今日はこれだけ美味しく食べられて、元気になれた。まだまだ大丈夫だ」とうれしそうな表情を見せていた。

この日も、食事をとりながら最近の相場の動きについて闊達に語っていた。その様子に、相場師として復活を夢みる野心の熾火を見る思いがした。還暦を過ぎて不遇をかこつ身であっても、「相場小僧」の本質は何も変わっていないようだった。

食事後の雑談の中で中江は、生活保護を受けていると告白した。家賃と公共料金を差し引くと、残る生活費はせいぜい4～5万円。週に何度か足のリハビリ、部屋の掃除や片付けをしてもらっていると言っていたのは、介護サービスのことだったようだ。かつての仲間たちの支援も途絶えてしまったという。

中江と顔を合わせる最後の機会となったこの新年会の後、亡くなる2週間前に電話で1時間ほど会話を交わした。これまでの電話取材と同様に、彼はこちらの質問にきちんと答えてくれた。そして会話の最後にこう付け加えた。

「いつでもいいですから、どんどん電話してください。楽しみにしています。まだまだ話していないことが一杯あるので、色々と思い出しておきます」

＊

１９８０年代終わりのバブル、その10年後のＩＴバブル、２００８年のリーマンショック、２０１６年に始まるトランプ相場、そして２０２０年のコロナ相場——国内外の株価大変動に中江はことごとく擦れ違う。

自身の境遇の派手な浮き沈みはあっても、あまたのバブル紳士たちのように、相場の大波に乗ったり呑み込まれたりという印象は薄い。

考えてみると、中江ほど臆病な相場師はいなかったかもしれない。持ち前の数学的頭脳を生かした徹底的な統計分析と的確な読みは、ある意味、慎重さの裏返しでもあった。

加えて、１９９２年に社会復帰して以降、かつてのように自分の自由意思で相場をやりたいという思いは言葉の端々に感じられたものの、一方で「自分の汚れた名前が出ると迷惑をかける」という葛藤を最後まで払拭できなかった。

弱冠22歳で株投資を始めて瞬く間に100億円を手にし、30歳の時には780億円という巨額の金を動かし、各界に人脈を広げた。社会復帰した38歳から44歳までの間も、アングラマネーとはいえ50億の金を動かした。そして6年間の海外逃避、帰国後の放火未遂事件、復活を期した東京行き、そして失意の生活保護――中江自身も数奇な人生と認める、誰にも真似はできない、波乱万丈の人生だと言えるだろう。

思い起こすと中江は、自伝はもとより第三者の手による告白記事の類いも一切残していない。あるのは投資ジャーナル時代の株指南書（46頁参照）ぐらいだ。良きにつけ悪しきにつけ、あれだけ世間の耳目を集めた人物にしては珍しいことだろう。自分が話すことで、相場師として復活する道を閉ざしてしまうと考えていたのだろうか。

「必ず儲けられる」、「客には迷惑をかけたくない」、「僕の名前は汚れている」、「僕には相場しかない」。延べ50時間余りのインタビューの間、繰り返し聞かされたフレーズだ。

中江は家族の話題になると多くを語らなかったが、子供たちそれぞれの様子は彼なりに把握していたようだった。そしてまたこう付け加えるのだった。

「死ぬ前には会いたいけど、僕から連絡をとると迷惑がかかる。だから連絡はしない」

その言葉には家族への強い愛情が感じられた。

激しい浮沈を繰り返した相場人生。時代が移り変わるにつれて、中江の周りからは友人も仲間も部下も、家族も去っていった。晩年は孤独だった。相場だけが最後まで傍らにあった。

兜町の風雲児、享年66。心よりご冥福をお祈りする。合掌。

2020年11月

著者

最晩年の中江氏。2019 年　© 日刊ゲンダイ

比嘉満広　1952(昭和27)年生まれ、東京都出身。ジャーナリスト。青山学院大学法学部卒業後、『ＦＯＣＵＳ』『週刊新潮』『週刊ポスト』などで長年、社会・経済事件を中心に取材。本書が初めての著書。

Ⓢ新潮新書

892

兜町の風雲児
中江滋樹 最後の告白

著　者　比嘉満広

2021年１月20日　発行

発行者　佐　藤　隆　信
発行所　株式会社新潮社
〒162-8711　東京都新宿区矢来町71番地
編集部(03)3266-5430　読者係(03)3266-5111
https://www.shinchosha.co.jp

印刷所　株式会社光邦
製本所　株式会社大進堂

ISBN978-4-10-610892-1　C0233